中国农村金融排斥的影响效应研究

Study on Influence of Rural Financial Exclusion Efficiency in China

隋艳颖 著

中国农业大学出版社
·北京·

内 容 简 介

本书是针对我国农村金融排斥问题的专题研究，在农村金融研究基础上，结合多学科知识，利用统计数据和调研数据，对我国农业发展中的金融排斥程度进行测度，对不同收入层农户的金融排斥类型进行划分，分析金融排斥对农民工创业意愿的影响。从理论研究和实证研究上有所突破。

本书为研究我国农村金融问题提供决策参考，对解决我国“三农”问题具有重要的现实意义。

图书在版编目(CIP)数据

中国农村金融排斥的影响效应研究/隋艳颖著.—北京：中国农业大学出版社，2016.9

ISBN 978-7-5655-1691-7

Ⅰ.①中… Ⅱ.①隋… Ⅲ.①农村金融-研究-中国 Ⅳ.①F832.35

中国版本图书馆 CIP 数据核字(2016)第 194848 号

书　　名 中国农村金融排斥的影响效应研究

作　　者 隋艳颖　著

策划编辑	林孝栋	**责任编辑**	王艳欣
封面设计	郑　川	**责任校对**	王晓凤
出版发行	中国农业大学出版社		
社　　址	北京市海淀区圆明园西路 2 号	**邮政编码**	100193
电　　话	发行部 010-62818525，8625	读者服务部	010-62732336
	编辑部 010-62732617，2618	出　版　部	010-62733440
网　　址	http://www.cau.edu.cn/caup	**E-mail**	cbsszs@cau.edu.cn
经　　销	新华书店		
印　　刷	涿州市星河印刷有限公司		
版　　次	2016 年 9 月第 1 版　　2016 年 9 月第 1 次印刷		
规　　格	787×1 092　16 开本　10 印张　150 千字		
定　　价	38.00 元		

图书如有质量问题本社发行部负责调换

前　言

中国是一个农业大国，“三农”问题一直是困扰国民经济持续健康发展的瓶颈，解决好“三农”问题，就是为国民经济可持续稳定健康发展夯实基础。农村金融作为投入资本要素配置和资本积累的主要渠道，在农业和农村经济增长中发挥着至关重要的作用。但是在农村金融发展和改革过程中，城乡金融发展不平衡，金融发展呈现城乡二元性，农村金融资源倾斜流入城市；金融机构大量撤并县乡以下基层分支机构，农村地区金融“荒漠化”；金融资源分配中对农村经济主体实施数量配给、成本配给、风险配给，导致农业和农村经济主体的金融诉求长期得不到有效满足，受到严重的金融排斥。金融排斥不仅是一种资源分配过程的不公平，更体现为一种社会权益获得的障碍性，不仅会加剧不同人群的两极分化，也会对社会经济的协调发展造成一定的阻碍。因此，在统筹城乡发展，构建和谐社会的宏观政策要求下，形成一个能够有效支持农业发展，惠及农村地区，满足农村经济主体金融需求，保障农户金融权益，消除金融排斥的农村金融体系将是中国农村金融改革的一个基本方向。

为了更为具体详细地研究分析金融排斥现象，本书首先梳理了与金融排斥相关的金融地理、金融抑制、信贷配给和信息不对称等理论，为研究中国农村金融排斥问题提供理论基础。其次，通过梳理中国农村金融体制的变革路径，描述在金融体制变革过程中中国农村金融排斥现象。在理论研究的基础上，本书从农业、农民、农民工三个层面上对存在的金融排斥现象进行研究。

在对农业发展中存在的金融排斥现象研究中，本书利用泰勒指数测算中国总体金融和农村金融的发展差异，并运用金融扭曲度指标测算农业在金融发展过程中受金融排斥的程度。得出了如下结论：农村金融对农业发展的作用显著但其支持力度远远不够；中国金融发展存在不平等现象，农村金融尤为严重，农业在金融发展过程中受到明显排斥；不同时期农业受金融排斥的程度是不尽相同的，总体上呈现波动上升的态势。

在对农民生产生活中存在的金融排斥现象研究中，本书利用违约风险结构模型分析不同收入层农户的违约风险，并从农村金融资源供给和需求两个方面对不同收入层农户的金融资源配置特点和金融排斥类型进行研究。得出了以下结论：在农户高、中、低三个收入层中，金融资源倾斜流向高收入层，高收入层最不容易受金融排斥；中等收入层金融资源的利用效率最高，但是却最容易受农村金融机构的供给排斥；低收入层对金融资源的有效需求不足，受金融排斥更多地表现为自我排斥。正是由于农村金融资源配置目标偏离了最有活力的中等收入层农户，最终导致了农村金融资源利用的低效。为进一步分析农民受到金融排斥的原因，本书以内蒙古赤峰市和鄂尔多斯市两地的调查为例，对农牧户受金融排斥的影响因素进行调查，并通过构建实证模型进一步定量分析农牧户受金融排斥的主要影响因素。得出了如下结论：农牧户目前普遍受到较为严重的金融排斥，在影响金融排斥的诸多因素中，年龄、对金融知识的了解程度、拥有的耕地面积和草地面积、是否是村干部或是否有在政府或金融机构工作的亲戚朋友以及对金融机构所提供服务的满意程度这五个变量影响显著。

在对农民工创业过程中受到的金融排斥现象研究中，本书以对农民工创业意愿调查结果为依据，分析了制约农民工创业的金融排斥现象。得出了如下结论：在农民工创业过程中，金融排斥是影响农民工创业的一个关键因素，而户籍制度限制和农民工创业风险是农民工受金融排斥的主要原因。

本书通过金融排斥现象研究，分析了不同主体受金融排斥的原因，为解决我国农业发展过程中的资金短缺问题提供了一定的理论和实践支撑，对促进我国经济持续健康发展具有一定的现实意义。

隋艳颖

2016 年 5 月 28 日

目　　录

第一章　中国农村金融研究背景分析

第一节　研究背景和研究意义

一、研究背景

“农，天下之大业也”。我国是一个农业大国，自古以来就重视发展农业，强调以农业为本。但是，随着我国工业经济的快速发展，“用贫求富，农不如工，工不如商”的思想正在撼动着农业的基础地位。特别是近年来，“三农”问题不断出现，已经成为制约我国经济平稳健康发展的瓶颈，解决好“三农”问题，就是为我国国民经济的可持续稳定发展夯实基础。农村金融作为“三农”投入资本要素配置和资本积累的主要渠道，在农业和农村经济增长中发挥着至关重要的作用。农村金融是农村经济的核心，农村经济又是农村金融的基础，二者彼此相互作用，共生共存。为了适应我国农村体制变革，促进农业经济发展，农村金融不断进行改革和创新，改革之路首先从农村金融机构的恢复和重构开始，然后开展了包括农业银行商业化改制、农业发展银行职能定位以及农村信用社产权模式、管理体制重新界定等一系列改革措施，三十年的农村金融改革取得了显著成效，农业贷款总额从1979年的129.76亿元增加到2014年的236 000亿元[1]；农业贷款占各项贷款的比重也在稳步上升，从1979年的占比为6.0%增长到2014年的28.9%。农业贷款规模的扩大，贷款比重的提高，表明农村金融支持农业发展的功能正在显著增强，农村金融发展和改革为推动农村经济发挥了重要作用。特别是自2006年开始，国家调整放宽农村地区银行业金融机构准入政策，村镇银行、小额信贷、资金互助组织等多种形式的金融机构开始进入农村金融市场。2010年、2011年、2012年末时我国新型农村金融机构的数量分别达到了245家、786家、858家，截至2012年，全国新型农村金融机构从业人员约为28 960人，总资产为4 267.8亿元，分别占全国银行业从业人数和资产总额的8.57‰和3.43‰。[2] 这些新型农村金融机构的进入进一步增强了农村金融的供给能力，提高了农村金融的竞争水平，为我国农村金融市场注入了新的活力，为促进农业经济发展贡献了力量。

但是改革过程中，农村金融体系并没有完全适应农村经济转型对金融服务不断增长的需求，仍然存在许多突出问题：自上而下的强制性农村金融制度变迁，导致农村金融结构存在制度和功能缺陷；城乡经济发展不平衡，在资本逐利本质驱动下，农村金融机构“虹吸现象”严重，农村金融资源倾斜流向城市，信贷配给不足、金融抑制长期得不到缓解；农村金融体制“路径依赖”，农村金融增量增长缓慢，金融市场缺乏活力和推动力。这些问题相互交织在一起，阻碍了农村金融改革的步伐，降低了农村金融改革的效率。农村金融改革中的弊端更为明显的表现为对农业和农村经济主体的金融排斥，由于农业生产的高风险、低收益性，农村经济主体受到地域、经济、社会环境的限制表现出的信息不对称、缺乏可抵押物、存在特征性成本与风险、非生产性信贷为主的特征，违背了金融机构规避风险、经济利益最大化的价值取向，因此在农村金融机构商业化、市场化的进程中，农业和农村经济主体成了农村金融机构排斥的主要对象，直接导致农村金融市场中介严重缺位，农村金融服务出现盲区，农

[1] 数据来源：中国银监会.

[2] 数据来源：于乃书.中国新型农村金融机构发展研究[J].学习与探索，2015，(2)：37-43.

村经济主体的金融诉求长期得不到满足。据银监会统计，截至 2014 年底，全国仍有 1 570 个金融机构空白乡镇[1]，限制了农村金融需求主体的金融资源可得性，进而阻碍了农村经济发展。就金融排斥现象而言，金融排斥不仅是一种资源分配过程的不公平，更是社会排斥的一个子集，其对“三农”的影响不仅仅局限于经济发展领域，而且会扩大到社会生活领域，被金融排斥的群体也会被社会其他领域排斥，金融排斥通过财富的负杠杆效应，放大了贫困程度，导致了贫困的恶性循环，加剧了不同人群的两极分化，对社会经济的协调发展造成了一定的阻碍。因此，在统筹城乡发展，构建和谐社会的宏观政策要求下，形成一个能够有效支持农业发展，惠及农村地区，满足农村经济主体金融需求，保障农户金融权益，消除金融排斥的农村金融体系将是我国农村金融改革的一个基本方向。

二、研究意义

“三农”问题的主体包括农业、农村和农民（包括农民工），因此无论考虑“三农”的哪一方面问题都不外乎从这几个主体入手。就农业和农村而言，我国目前农业和农村经济发展的制约因素之一就是资金不足，究其原因不能简单地归咎于我国农村金融资金缺乏，更可能是由于农村金融制度设计中的弊端导致了农村金融供给需求错位，表现为一种形式上的农村金融资源短缺。正如我国农村金融机构商业化进程中所呈现出的金融资源倾斜流入高收益产业和经济发达地区的特点，导致了农业和农村发展中受到严重的金融排斥。因此，描述我国农业和农村经济发展过程中受到金融排斥的特点，分析农村金融发展不均衡状况并进一步测算农业和农村受到的金融排斥程度，在此基础上找到我国农业和农村经济受到金融排斥的原因，将为解决农业和农村经济发展中资金支持力度不足问题提供政策瞄准点。就农民而言，农村金融资源的直接配置对象是广大农户，不同收入层的农户的借贷风险存在差异，在资金诉求过程中，农村金融供给部门对其进行差异化信贷政策。那么，在现行的农村金融资源配置中，对不同收入层的农户制度安排是否适当？哪一个收入层

[1] 数据来源：中国农村金融服务报告(2014).

最容易在金融资源配置过程中受到排斥？受到哪一种金融排斥？回答清楚上述问题，可能对重新设计农村金融的供给方式，提高农村金融资源的利用效率更有意义。农户作为受到金融排斥的基础层，其个人特征、家庭资产特征、社会资本特征及区域农村金融发展水平都直接影响到农户受到金融排斥的状况。因此，明确这些影响因素对农户金融排斥的影响方向和影响程度，为缓解农户金融排斥找到直接的切入点，通过作用于农户金融排斥重要影响因素上的政策调整，改善农户在农村金融市场的地位，进而提高农户的经济发展能力。农民工作为我国所特有的一个社会群体，具有2亿多人数的庞大群体，农民工的问题不仅是其自身的生存发展问题，更是一个社会问题。农民工创业是一条实现其自身生存和社会稳定发展的有效途径，但是在这一过程中，金融排斥成为制约农民工创业发展的影响因素，因此，明确农民工创业过程中的金融排斥特点，揭示针对农民工的金融排斥根源，对于解决农民工生存问题、就业问题及社会稳定问题都会大有益处。

在对我国农村金融排斥问题研究中，明确受到金融排斥的主体特征、排斥程度、排斥类型及受到排斥的影响因素，可以更加全面地了解农村金融排斥问题，为进一步分析农村金融改革发展过程中遇到的其他问题提供一定的理论支持和成果借鉴。

第二节　文献综述

金融作为资本要素配置和资本积累的主要渠道，在经济发展和增长中发挥着至关重要的作用，与金融相关的各种问题也备受关注，其中关于金融排斥的研究更是开辟了金融问题研究的一个新视角。金融排斥现象首先在美国被观察到，在英国得到了高度的发展，金融排斥是社会排斥在金融领域的延伸，是更加广泛的社会排斥与社会两极分化概念的一部分，即是一个金融问题，也是一个社会问题。目前金融排斥研究不断升温，许多研究机构和学者从不同角度和层面进行了分析，为进一步开展金融排斥的研究提供了理论基础和实践指导。本书试图通过对现有的研究资料进行综述，并始终抱着对中国金融排斥问题的关注，按照以下逻辑展开，从描述各国金融排斥现象出发，分析金融排斥产生的原因,总结金融排斥的社会影响,列举一些消除金融排斥的政策建议,理清当前金融排斥研究的脉络,并对未来的中国金融排斥的研究方向与趋势进行探讨。

一、金融排斥现象揭示

西方国家较早观察到了金融排斥现象,近年来对金融排斥的研究在不断地升温,从描述各国的金融排斥现状中得到了许多有价值的研究成果。

在对英国的研究中,研究者认为英国金融系统的演化就是金融排斥和金融融入交错关联的过程,该过程最终导致地区的非平衡发展。英国做了大量的实证研究:1999 年英国公平交易局对 600 万家庭进行的一项调查显示,其中有 200 万家庭没有基本账户,350 万家庭没有使用过任何形式的信贷。英国落西安反贫困联盟的调查显示,英国约有 790 万人受到金融排斥,市场规模约有 160 亿英镑(FSA,2000b)。英国金融服务局的调查显示,英国 7%左右的家庭没有金融产品,20%的家庭只有银行账户,处于金融服务的边缘。2002—2003 年"家庭资源调查"显示,英国 8%或 190 万左右的家庭没有任何种类的银行账户,还有 110 万的家庭只有某种类型的储蓄账户(FSA,2003a)。在英国,苏格兰受金融排斥人群的比例最高,13%的家庭没有任何金融产品,英格兰的北部和西北部、大伦敦和威尔士也有高于平均水平的金融排斥(FSA,2000c)。金融排斥的直接承受者中最贫困地区的居民比一般人更可能处于被排斥中,往往是 2 倍的可能。金融排斥主要集中在以下人群中:长期失业者、依靠养老金生活者、由于疾病或残疾而无收入来源者、女性单亲家庭、某些少数民族群体、依靠国家福利或居住廉租房屋的人。在被排斥的金融产品方面,保险产品在被排斥的金融产品中非常突出(FSA,2001),根据 1998 年进行的调查,英国家庭中 26%没有家庭保险,87%没有抵押还款保护保险,91%没有医疗保险,93%没有个人意外保险。信贷也是主要的被排斥金融产品(FSA,2000c)。

在对美国的研究中发现,美国低收入家庭使用银行账户的人数在不断下降,接近 1 000 万家庭没有支付或储蓄账户(FSA,2003b),大约有 9.1%的家庭在主要的金融机构没有交易账户(Aizcorbe 等,2003)。低收入和中等收入的家庭使用储蓄账户,拥有基金账户的人数比例也不高,低收入家庭大多使用信用产品，但是这个比例也在下降，年收入在10 000美元以下的仅有6.6%的家庭使用了信用产品，年收入在10 000～24 000美元的家庭有21.3%拥有信用产品。虽然美国政府采取了一系列的措施缓解金融排斥。但是，在1995—1998年间，这种情况并未得到缓解，但是例外情况是储蓄账户有所增加。Lee(2002)在金融排斥的地理指向性研究中指出，美国的金融重构也像英国一样表现出了金融排斥的地理倾向，低收入地区分支机构的关闭率十分高，并且在多民族地区、蓝领家庭和单亲家庭、租赁房屋的地区比较严重。

虽然德国的金融排斥现象相对来说少一些，但也有上升的趋势。据2003年顾客保护组织调查，在接受访问的8%的财务顾问中，他们反映共收到2 003个被拒绝开立活期存款账户申请人的投诉，这个数据实际上要更高，常用的数据是500 000人。工会机构反映，失业的人经常得不到免费的活期存款账户，2003年9月的调查显示，大约有103 000个失业者和10 920名儿童没有活期存款账户，大概有3%的人受到金融排斥，但这还是远远低于欧盟的22%。2004年的调查显示，德国的银行分布密度是每1 000人拥有0.55个银行机构，显然银行分布度过低。在德国，主要的四大私有银行仅在能获利的地区分布，大概有2 000万人受到私有银行排斥。小型和中型企业由于无法提供大量的文件和银行需要的专业金融知识，享受金融服务的程度很低。

在澳大利亚为农村地区提供金融服务已经成为一个公共政策。但是，澳大利亚的农村金融状况并不理想，在大城市和农村地区的金融机构比例相差很大，这种情况发生在澳大利亚的银行系统准许银行在价格方面进行竞争之后。在全球金融业并购的影响下，澳大利亚国家银行和西太平洋银行成立，农村地区的601家银行面临着被关闭的危险，在1981—1991年间，澳大利亚国家银行关闭了19家农村地区的金融机构，而西太平洋银行关闭了28家，有的研究认为是由于农村地区的人口下降和经济萎缩造成农村金融机构关闭，也有反对意见认为，这不是主要原因，银行之间的竞争才是引起金融机构排斥农村的主要原因(Argent和Rolley，2000)。在对法国金融排斥的研究中，收入低、生活不稳定、缺乏金融知识等也是引起金融排斥的主要原因。在法国的法律中规定，拥有银行账户是每个人的基本权利，但是1995年的调查显示，这个法律执行的情况并不理想，主要归因于银行复杂的程序和使用者缺乏金融信息。

一些低收入人群不太能够理解金融产品，还有一些甚至不能区分债务和信用。在对西班牙的调查研究中发出，自从放松金融管制后，金融排斥的程度明显提高，尤其在低收入的城市里，金融排斥现象较高收入城市明显。还有一些相关数据也显示了其他国家金融排斥的程度，比如在巴西只有43%的人拥有银行账户，墨西哥仅为17%，在非洲地区，南非仅仅只有46%的成人持有银行产品，非洲的其他地区则更少，肯尼亚大约每10人只拥有一个银行账户，坦桑尼亚的金融排斥程度更高，大约每百人只拥有5个银行账户。

随着20世纪90年代开始金融体制改革，中国金融业获得了长足的发展，金融运行机制发生了深刻的变化，但同时也衍生出了不少问题，其中金融机构经营战略与经营行为的调整，排斥欠发达地区、低收入人群的金融排斥现象也已经开始显现。尤其是地域广阔、人口稀疏的广大农村，更是金融排斥的重灾区。中国的金融排斥首先表现在银行撤并多家网点和分支机构，大规模退出欠发达地区（王志军，2007）。中国农业发展银行撤并了100多个设在县级的分支机构，而且曾经是农村资金供给重要主体的中国农业银行，更是大幅度缩减了其设在农村地区的经营网点，1996—2006年间，中国农业银行共减少了41 198个机构网点。到2006年末，全国县及县以下的农村地区只剩下111 302个金融机构营业网点，县及县以下农村地区平均每万人拥有机构网点数只有1.26个（城市平均拥有2个）（何德旭、饶明，2007）。全国有14个省（自治区、直辖市）农村地区的金融网点覆盖率尚达不到平均水平，仅有5个省（自治区、直辖市）的农村金融网点数量接近平均水平（许圣道、田霖，2008）。农村金融机构的撤并，金融的"荒漠化"通过马太效应放大了金融排斥影响。

在中国金融由抑制状态向深化状态转变过程中，金融市场化表现出非均衡推进，金融排斥的程度也有所不同，通过利用金融机构数量来反映我国区域金融排斥现状的结果表明，广东、北京和上海金融排斥程度轻，江苏、山东和浙江程度较轻，辽宁、四川、河南、湖北、湖南、河北、福建、天津及黑龙江金融排斥程度中等，金融排斥比较严重的省（自治区、直辖市）有安徽、山西、吉林、重庆、江西、广西、陕西、新疆、云南和内蒙古，甘肃、海南、贵州、青海、宁夏、西藏则属于金融排斥严重的省（自治区），而且大多数省（自治区）的农村地区存在严重的金融排斥现象。以农村信用社贷款额衡量，除了广东、上海、江苏、浙江、山东、辽宁、黑龙江、天津、吉林、内蒙古、新疆和宁夏，其余19个省（自治区、直辖市）农村信用社贷款额均低于平均水平（777元）（田霖，2007；何德旭，2007；许圣道，2008）。农村地区金融机构的资金供给也明显不足，农村短期贷款在涉农金融机构短期贷款总额中的比重处于较低的水平，2006年该比重仅为19.20%，并且农村金融机构还在风险评估程序、金融价格、经营目标确定上都限制了农户的需求，造成了较强的金融排斥（何德旭，2007）。在农村地区，除了贫困人口、弱势群体被金融排斥外，微小的金融机构、农村社区的金融组织等非正规金融也被现代金融监管要求、大银行为主的银行体系排斥。我国农村居民资金借贷具有较高的依赖非金融渠道的特点、非生产性目的的资金比重较高，非正规金融的灵活性能够有效地满足农民的需求。但是，我国目前的金融制度还不能适应非正规金融的发展。随着我国农村经济的发展，农村金融需求也呈现出多样化的变化，但是农村金融机构只能提供最基本的存、贷、汇服务，其创新能力严重缺乏，直接导致金融极化效应加大城乡金融空间的割裂（许圣道、田霖，2008）。我国农村金融排斥的一个特殊性是对农民工的排斥，对这一群体排斥主要表现在新生代农民工创业过程中受到的地理排斥、评估排斥、条件排斥、价格排斥、营销排斥和自我排斥，这一个排斥维度共同作用导致新生代农民工创业难度加大，融入城市生活困难（隋艳颖，2010）。

从诸国对金融排斥的描述中不难发现，金融排斥是一个普遍现象，被金融排斥的群体特征主要表现为：一般属于贫穷弱势群体，在远离金融集聚区的地区生活，地区经济发展落后。受到金融排斥的程度呈现层级递进：第一层是接触排斥，第二层是基础金融服务排斥，第三层是创新金融产品排斥。这些金融排斥特点描述为缓解金融排斥提供了政策瞄准点。

二、金融排斥形成原因剖析

随着金融排斥研究的不断升温，剖析金融排斥产生原因也成为一个争论主题，但是由于各国之间的发展差异，金融排斥产生的原因也是众说纷纭。总结起来，主要集中在以下几个阶段性论断：

一是20世纪70年代，西欧经济结构发生急剧改变，出现了“新贫困”现象，这时社会排斥的概念浮现出来，一些学者将社会排斥总结为：经济排斥、政治排斥、文化排斥、关系排斥、制度排斥。此时，金融排斥现象已经隐藏在社会排斥的背后，只是当时并未被人们所重视，可以说“新贫困”现象的出现，是金融排斥现象出现的一个前提，贫困是引起金融排斥的根本原因。

二是20世纪90年代，金融管制放松、信息技术发展、全球化使金融业发展进入了新时代，但同时90年代的萧条和金融危机也使银行业开始重视“价值最大化”目标，进入了“重视金融质量”的竞争中，各金融机构不断地改变结构，金融公司分界线被打破，建立了零售金融市场，非传统的金融供应商进入金融市场，市场不断被细分，最终使得金融市场竞争愈加激烈。在这样的环境下，金融机构不可避免地将经营目标锁定在有盈利性的客户群上，低收入群体所需要的低利润金融服务部门纷纷被撤销，金融“荒漠化”现象出现（FSA，2000a）。另外，金融评估技术的发展像一把双刃剑，一方面可以更加精确高效地满足客户的需求，另一方面却限制了那些在信用打分框架下风险更高的群体，在金融机构可接受的风险容忍度之外的人群更多地受到金融排斥（王志军，2007）。

三是对于中国而言，农村地区受到金融排斥的情况更加凸显。原因其一是金融体系间接地承担了经济转型的成本。中国是一个典型的二元经济社会，农村与城市地区的差异十分显著，在金融排斥上，也同样表现为农村地区要比城市地区有更高的金融排斥（徐少君、金雪军，2008），农村金融排斥引致城乡差距的进一步扩大。尤其在1996年之前，由于资金的短缺，政府金融控制主要着力于动员资本。面向农村的金融机构，主要扮演着储蓄动员机器的角色，以获取城市和工业发展所需要的短缺要素资本。行政抽取机制的存在，使得“资金离农”和“机构离农”成为必然。（周立，2009）其二是农村地区存在更为严重的信息不对称、缺乏可抵押物、特质性成本与风险、非生产性借贷为主，直接导致主流金融安排的不足，存在金融排斥（周立，2007）。农户没有资信档案可向金融机构提供相应的信息，金融机构搜集信息的成本较高和对信息进行甄别也相当困难，从而也就增加了对信贷风险评估的难度，限制了信贷的发放（何德旭、饶明，2007）。其三是农村居民由于长期被主流金融边缘化，造成了其金融习惯的不同和金融知识的贫乏，甚至存在对金融机构的怀疑和敌视心理，独立金融人格缺乏，自主学习能力差和金融意识不强，据对全国29

个省(自治区、直辖市)农村金融调查结果显示,有17%的农户觉得自己在金融机构没有“关系”,11.1%的农户不懂正规贷款的申请程序,5.9%的农户觉得自己不能够满足信用社的抵押和担保要求。另外金融产品的日益复杂,使农户更难了解掌握相关金融知识,这直接引发金融排斥的恶性循环,最终导致农村地区的金融空洞(田霖,2007)。

此外,不同地区的制度形式和文化形态,包括地方性的法规、金融习俗以及地方政府的干预程度等多方面因素都会对金融服务的形式以及机构内在运作机制产生影响,常会出现金融排斥或者实际金融需求与政策法规冲突的情况。

三、金融排斥与社会排斥的连锁效应

随着地理学家对“新经济地理学”含义的重新概括,并引入了社会学中的“经济活动嵌入具体的社会关系之中”的观点,金融排斥从经济层面的角度上对社会排斥进行了深入分析,被定义为社会排斥的一个子集,其社会影响是被金融排斥的居民常常会在其他方面被否认和排斥,从而进一步加深了其他方面的社会排斥(FSA,2000)。从近几年的研究来看,金融排斥意味着不能以适当的形式获得最基础的金融服务,利用金融产品或金融服务方面存在诸多困难和障碍。排斥可能源于进入条件、环境、价格和自我排斥。金融排斥的对象针对某些特殊群体,一般认为,容易受到金融排斥的人群往往是从来没有使用过金融产品的家庭、低收入居民、老弱病残人士、居住在边远和落后地区的居民,以及诸如此类的社会弱势群体(FSA,2000a)。这种排斥现象既可能是一个暂时的,也可能是一个持久的状态,既可能是完全的,也可能是局部的。同时,金融排斥具有一定的层级性,如那些没有银行账户的人基本上没有能力有金融储蓄行为。Chant 将金融排斥扩展到了企业和区域层次,金融排斥不仅适用于个人、家庭,也适用于小企业、社区企业组织和区域,Collard(2002)也将金融排斥拓展到涵盖微观企业的商业社群。金融排斥是一个自强化的过程,它可以是社会排斥的原因或结果,或者既是原因又是结果。长期受到主流金融机构排斥的个人和家庭,可能会造成不良的金融习惯,金融知识贫乏,甚至存在对金融机构的怀疑和敌视心理,受到金融排斥的企业其投资生产能力会被削弱，可能会导致企业数量减少，甚至倒闭，从而波及区域经济，使区域进入经济衰退期，社会发生分化，最终对整个社会产生消极影响。

四、缓解金融排斥的政策建议

金融服务对一国经济增长的积极促进作用早已获得了一致且广泛的认同，然而，金融排斥的负面影响之深远同样不容小觑。各国为了缓解金融排斥对社会公平、经济发展的影响，纷纷采取了一系列的相关措施。

英国政府针对国内存在的金融排斥现象，采取了适当的措施进行干预，如实施"储蓄门户"计划，建立社会基金，鼓励银行与邮政局、银行与信用社等非营利性组织之间建立伙伴关系，拓展金融服务通道，英国皇家邮政已发展 2 万个网点，而且覆盖到英国的每一个社区和许多小乡村，将积极支持农村信用社的发展作为减轻金融排斥的一种手段。加强金融基础建设，采取更加灵活多样的金融服务供给(Leyshon 等，2008)。英国工党政府 1997 年上台伊始即着手解决社会排斥及与之相关的问题，并为此成立了 18 个政策行动组。其中，政策行动组第 14 组(Policy Action Team 14)专责探讨如何让更多人享用金融服务。在该政策行动组 1999 年 11 月发布的题为《享用金融服务》的报告中，即有创设基本银行账户之建议。经政府与银行共同努力，英国目前已有 18 家银行提供基本银行账户。近年来，围绕由财政部制定和发布的两份战略性文件《促进金融包容》(2004 年 12 月)和《金融包容：路在前方》(2007 年 3 月)，英国政府进一步加大了工作力度，其中涉及基本银行服务的举措主要有：将享用银行服务列为金融包容计划的三个重点目标之首；创立金融包容专项基金；成立金融包容行动小组向政府提供咨询和实施进程监督；有计划、有目标地降低无银行账户成年人口的比例；鼓励小额储蓄，实施儿童储蓄计划；开展多种形式的金融知识普及活动；招聘和培训货币咨询师以向公众免费提供面对面帮助。

美国为了缓解金融排斥，早在 20 世纪 70 年代就采取了政府承诺行动，政府制定社会再投资法案，规定银行业的评级考量指标之一就是其在低收入地区及农村提供的存贷款服务，从而防止金融机构或部门在低收入地区撤并机构。同时提供强有力的政策支持金融系统，建立比较完备的农村金融法律体系来解决金融排斥。如美国纽约州 1994 年的《消费者保护与放松银行管制综合法》。1977 年,美国颁布《社区再投资法》,要求金融机构努力为所在社区特别是中低收入者提供信贷服务和存款便利。到 1998 年,美国即有伊利诺斯、马萨诸塞、明尼苏达、新泽西、纽约、罗得岛、佛蒙特 7 个州颁布立法,或授权州银行监管部门监督银行的收费并于必要时加以管制,或要求所有在本州营业的银行为客户提供"基本银行账户",以让中低收入者获得廉价的基本银行服务。2006 年 2 月,美国国会通过《2005 年联邦存款保险改革一致性修订法》,要求联邦存款保险公司就受保存款机构将无银行账户者引入正规金融体系的努力进行两年一度的调查统计。(汪鑫,2009)在德国,金融排斥现象并不明显,主要是由于德国的储蓄银行和合作银行占到金融机构的 62%,而这些银行最初建立的初衷就是为了解决贫困和支持小商业和农业,虽然现在它们也进行一般性的金融服务,但是仍然提供金融福利服务,并且德国政府也在不断地制定政策防范金融排斥,比如在 1995 年,实施了一个自愿性的规定,所有银行不考虑申请人的收入情况为他们提供活期存款账户。

在加拿大,根据《享用基本银行服务条例》,除明定的例外情形,加拿大存款保险公司的所有成员银行必须为符合规定条件的任何个人开立零售存款账户和兑现联邦政府支票。加拿大还对银行关闭分支机构实施外围性干预,要求其履行提前通知义务并尽可能采取补救措施,以减缓对当地居民的影响。其《金融消费者局法》不仅规定了银行关闭分支机构前的通知义务,而且规定了公听会程序,即在规定情形下,金融消费者局局长可要求银行召集有银行代表、金融消费者局代表、周边利害关系人代表参加的会议,就银行关闭分支机构交换看法。不仅如此,加拿大政府还于 2002 年 2 月专门制定了《关闭分支机构(银行)通知条例》和《关闭分支机构(信用合作社)通知条例》。在对西班牙的调查研究中发现,近十年里,尽管在低收入的城市里,金融服务不高,但是高收入城市和低收入城市的这种差距正在缩小,主要是由于金融中介机构的蓬勃发展。其中西班牙的储蓄银行在解决金融排斥问题上起到了关键作用,它们在人口密度低的村镇也建立了储蓄银行,还针对移民制定了专门的金融服务,西班牙政府通过储蓄银行对低收入家庭的住房贷款进行补贴。这些政策在一定程度上缓解了西班牙的金融排斥程度。(Santiago 等,2004)在印度,为了减轻城乡低收入者开立银行账户的困难,对存款余额限定在 5 万卢比以下、年度贷款限定在10万卢比以下的账户，开户时实行简易身份验证程序，即由已通过全面身份验证程序的客户引荐即可。在南非，由于政府放松对“平民客户”的身份证明要求，160余万无银行账户者新开了基本银行账户。法国规定，任何拥有法国国籍的人有权在任何私人或公共银行开立一个账户，如遭拒绝，可申请法兰西银行为其指定一家银行开户。（汪鑫，2009）

为了解决中国农村金融排斥问题，相关研究提出了一些行之有效的建议。通过挖掘中国金融排斥现象的本质，可以将其看成是，中国社会主义市场经济发展中金融服务市场的一种市场失灵（王志军，2007），这就需要政府在宏观上进行调整，制定相关的防止金融机构从欠发达地区撤并机构的政策，加深中国金融机构改革。金融机构在盈利的基础上担负起一定的社会责任，金融业的社会责任越来越被人们认同，已经成为金融伦理的基本要求，把金融结构的社会责任作为考评及考量指标（徐哲，2008）。通过改革中国农村金融机构的经营模式，或者在经济落后、自然关系仍占很大比重的农村地区引入具有金融包容性的金融中介，如继续扩大村镇银行的试点范围，成立社区性金融组织或将现有农村信用社改造成社区银行，正式金融与非正式金融的互补合作等（何德旭，2007；徐少君、金雪军，2008）。可根据不同地区的区情，确定政策性金融和商业性金融的渗透强度，构建区域化、新型化、多元化的农村金融组织体系。政府可以通过培训、宣传等方式强化农村居民的金融意识。同时，鼓励金融部门设计符合农户需求的金融产品，解决供求错配问题，减轻金融排斥（许圣道、田霖，2008）。

五、研究评述

纵观文献，虽然对金融排斥现象的研究尚处于初级阶段，但是已经引起越来越多的学者关注。经过国内外学者的共同努力，金融排斥现象已经不再是仅仅作为金融地理或是社会排斥研究中考虑的一个因素，它也正在发展成为一门具有交叉性质，为解决金融领域和社会领域相关问题的应用学科。现有的研究涉及金融排斥的多种角度分析，为深入研究金融排斥问题提供了很好的理论和实际借鉴。但是目前的研究主要还是集中于发达国家，发展中国家的研究并不多，发达国家的研究多集中在对本国金融排斥现象的调查描述，深层原因分析并不多见，而且由于各国的情况千差万别，相互借鉴的效果也不明显。我国对金融排斥的研究虽然有了一些进展，但还十分薄弱，目前也集中在调查描述阶段，进行实证和理论探索的研究也不多见。已有的研究中偏重于通过金融机构的地理分布来研究金融排斥，还停留在研究金融排斥的初始阶段。有所突破的研究也是效仿国外研究的居多，忽略了我国与其他国家的差异性，如果以此来解决我国金融排斥现象可能会出现偏差。我国的研究虽然都注意到了金融排斥是社会排斥的一个子集，但是真正从社会学、金融学和经济学结合的角度，挖掘我国金融排斥的形成原因，并对我国农村这一金融排斥重灾区进行深入研究的文献鲜有发表。

基于以上分析，本书认为金融排斥研究可以按照以下三点展开：①明确金融排斥研究范围。②确定金融排斥研究主线：怎么观察金融排斥？哪些现象是金融排斥？怎么度量排斥程度的高低？③深入剖析金融排斥形成的原因。明确的视角、清晰的脉络、深入的剖析是揭开问题本质的基本步骤，金融排斥的研究也应该沿着这个路径前进。

第三节　研究目标及概念界定

一、研究目标

本研究的总目标是通过对中国农村金融排斥现状进行总体描述，从金融排斥的视角探寻制约我国“三农”发展的关键因素，并在此基础上提出相应的对策，供有关政府部门和金融机构决策参考。具体目标：

一是，以金融地理学、金融抑制、信贷配给和信息不对称理论为基础探讨并构建中国农村金融排斥的理论基础。

二是，在分析中国农村金融体制改革历程中的金融排斥现象基础上，运用相关的经济理论和方法，分析在农业经济增长过程中农业受金融排斥情况、农村金融资源配置中不同收入层农户受金融排斥情况、农牧户金融排斥的影响因素及金融排斥对农民工创业意愿的影响四个方面来探讨金融排斥对中国“三农”发展的影响。

三是，针对金融排斥在中国“三农”发展中产生的影响，系统地提出缓解中国农村金融排斥问题的政策建议。

二、概念界定

（一）金融排斥

金融排斥现象首先在美国被观察到，但在英国得到了高度的发展。虽然麦金农在金融发展理论中指出了在一些经济落后地区，由于金融市场的不完全，存在大量的企业和家庭经济被排斥在金融发展与经济增长过程之外的现象，但是，金融排斥的研究却是随着金融地理学的发展而开始受到重视的。金融地理学源于政治经济学派的发展，在政治经济学的研究中，金融地理学的第一部分工作就是集中于地缘政治、地缘经济和金融排斥上（Leyshon，1995）。在研究城市和区域内部金融资本的动态中，随着银行业开始注重“价值最大化”的目标后，金融系统开始通过信贷配给、排斥等对社会产生影响（Leyshon，1995；Diken，1998）。这一阶段金融排斥的主要论点是穷人和穷国不能在商业市场中获得金融服务，或至少他们要支付比别人高的价格（Leyshon，1995）。随着地理学家对“新经济地理学”含义的重新概括，并引入了社会学中的“经济活动嵌入具体的社会关系之中”的观点，金融排斥从经济层面的角度上对社会排斥进行了深入分析，被定义为社会排斥的一个子集，被金融排斥的居民常常会在其他方面被否认和排斥，从而进一步加深了其他方面的社会排斥（FSA，2000）。当弱势群体的金融服务问题引起人们的关注时，金融排斥的概念界定也随之成为理论热点，但是金融排斥经常体现为不同的维度（Kempson 和 Whyley，1999），所以对其下一个明确的定义并不是一件容易的事。从近些年的研究来看，金融排斥的概念日趋完善，金融排斥意味着不能以适当的形式获得基础的金融服务，利用金融产品或金融服务方面存在诸多困难和障碍。排斥可能源于进入条件、环境、价格和自我排斥（Sinclair，2001；Panigyrakis 等，2002），金融排斥的对象针对某些特殊群体，一般认为，容易受到金融排斥的人群往往是从来没有使用过金融产品的家庭、低收入居民、老弱病残人士、居住在边远和落后地区的居民，以及诸如此类的社会弱势群体。（FSA，2000a；

Carbo 等，2005）这种排斥现象既可能是一个暂时的，也可能是一个持久的状态，既可能是完全的，也可能是局部的。同时，金融排斥具有一定的层级性，如那些没有银行账户的人基本上没有能力会有金融储蓄行为（Koker，2006）。在"内涵式"定义研究的基础上，Chant 将金融排斥定义的"外延"扩展到了企业和区域层次，指出金融排斥不仅适用于个人、家庭，也适用于小企业、社区企业组织和区域，Collard（2002）也将金融排斥拓展到涵盖微观企业的商业社群。金融排斥研究范围从穷人、弱势群体扩展到企业层面（许圣道、田霖，2008）。

与定义研究同时进行的是金融排斥的维度研究，Kempson 和 Whyley（1999）将金融排斥概括为：接近排斥、条件排斥、价格排斥、市场排斥、自我排斥，这些金融排斥维度，为衡量金融排斥程度提供了研究视角，该类划分维度在后来的研究中被广泛应用，但是，其最大的缺陷是这几个维度之间彼此重叠，在衡量过程中一般无法划分确切的界限。为了克服这个缺点，Cebulla（1999）将金融排斥划分为：结构排斥和主体排斥。这两种划分均从金融需求方、供给方两个角度出发来研究分析金融排斥。ANZ（2004）又进一步提出了金融排斥的两个维度：接触排斥和效用排斥。在众多研究中，Bridgeman（1999）运用了"排斥曲线"，建立了"收入排斥"和"价格排斥"两大维度，虽然划分的维度创新不大，但是运用曲线刻画确是一个创新之举。虽然陈述总结金融排斥概念的文献很多，但是到目前为止依然没有一个统一的界定，从定义的广度来看，有针对特定的金融产品和服务的排斥也有研究整个金融系统的排斥，定义的关注点大到区域，小到个人或企业。

由于金融排斥是由多种因素造成的，不同国家之间的差异性，也会导致不同的金融排斥形式，所以现有的研究中对金融排斥并没有一个统一的界定，为了更全面地研究我国金融体系运转过程中的问题，本书拟对金融排斥给予广义上的界定。金融排斥是指部分地区（偏远地区、贫困地区）经济主体（贫困人群、弱势群体、中小经济机构）由于制度因素、金融环境、经济发展水平等因素影响，无法通过适当的渠道获得基本的金融产品或金融服务，即使获得了金融产品或金融服务，也要比其他主体付出更高的代价。它是社会排斥的子集，受到金融排斥的群体，在其他领域也会受到排斥，从而加剧社会排斥和贫富差距，导致社会的不协调发展。金融排斥的具体表现是金融需求主体无法获得包括银行基本账户、信用卡、养老金、家庭保险、信贷等最基本的金融服务。

本书的研究中还要清楚划分金融排斥和不使用金融服务的区别。不使用金融服务是由于自身金融需求已经得到满足或者暂时不需要金融机构的服务就可以进行经济活动，如果再次需要金融服务能够很容易就获得。属于自我主动放弃金融服务机会，而不是由于金融机构的限制导致放弃使用金融服务（这是一种自我被动排斥）。所有本书的研究中不涉及这种主动的自我放弃金融服务情况。

（二）农村金融排斥

本书以研究农村金融排斥为主，因此，需要进一步对农村金融排斥进行界定。农村金融排斥区别于金融排斥的主要表现就是研究对象范围的划定，农村金融排斥的研究对象特指与“三农”相关的经济主体，其中包括农村金融政策、农村金融供给主体、农村金融需求主体，这些研究对象在农村金融排斥中处于不同的地位也起着不同的作用。农村金融政策在研究农村金融排斥问题中，处于研究的宏观层面，它对农村金融排斥的影响主要是基于政府在制定农村金融政策时，由于要权衡各方利益和考虑经济发展环境，制定的金融政策有时会对农村经济的发展产生一些制约，这些制约就构成了农村金融排斥的宏观层面因素。农村金融供给主体受到宏观政策指引、金融环境影响和自身发展利益考虑，在对农村经济主体提供金融服务时可能会有明显的限制条件和差别待遇，这就构成了农村金融排斥的中观层面因素。农村金融需求主体由于受到经济发展制约影响，在金融服务、金融产品供给、金融知识获得上可能明显处于劣势地位，这就构成了农村金融排斥的微观层面因素。

对农村金融排斥的研究对象：农村金融政策、农村金融供给主体、农村金融需求主体三者的逻辑关系进一步细化，可以认为农村金融排斥的直接作用对象是农村金融需求主体，农村金融排斥的实施对象是农村金融供给主体，农村金融排斥的环境影响因素是农村金融政策。在农村金融供给主体和农村金融政策的共同影响作用下，产生了农村金融需求主体受金融排斥的现象。在现实分析过程中，农村金融排斥现象更容易在农业、农村、农民（农民工）进行经济活动时观察到，因此，在分析农村金融排斥过程中，可以从农业、农村和农民(农民工)这几个农村金融需求主体出发,观察他们受到金融排斥的状况,结合农村金融政策及农村金融供给状况,分析农村金融需求主体受金融排斥的原因,进而找到破解农村金融排斥的路径。

(三)金融排斥与信贷配给概念辨析

关于信贷配给 Stiglitz 和 Weiss(1951)将其定义为两种情况:一种是在一群相同的借款者中间,一些得到了贷款而另一些即使愿意支付更高的价格其贷款申请也会遭到拒绝;一种是在给定信贷供给的条件下,即使信贷供给增加了,借款者在任何利率条件下也不能得到贷款。农村金融市场的特征主要是贫困人口多、人口密度低、与城市市场分割、自然风险高和季节性强,这些特征导致高交易成本、缺少抵押品、收入波动大、分散风险的能力弱,Jonathan 和 Christopher (2005)的研究表明发展中国家农村信贷市场存在明显的信贷配给问题,信息不对称、交易费用和不确定性是农户信贷需求不能得到有效满足的市场内部原因。虽然抵押担保在某种程度上可以削弱信息不对称导致的信贷配给,但是发展中国家最为严峻的现实约束条件恰恰是低收入人群抵押担保不足。此外,阻碍信贷交易有效发生的原因还在于缺乏有效的合约实施机制,由于农村地区基础设施落后和司法制度不完善、执行力度不强导致有效合约机制无法实施。

就我国农村金融市场而言,信贷配给主要表现在:由于自然风险、违约风险、交易成本的影响,“三农”经济主体融资困难,尤其是中西部地区和贫困地区,农村资金供给总量不足与农村金融资源严重流失并存,经济主体的金融诉求难以满足。我国农业生产特点是以小规模经营为主,这就决定了资金规模主要是短期小规模贷款,而我国金融服务供给主体是以国有大型金融机构为主,适应我国农业特点的小规模金融机构的种类和数量有限,受到交易费用和道德风险的影响,国有大型金融机构不愿意也没有动力服务“三农”事业,小规模金融机构又没有能力服务“三农”事业,这势必造成农村地区的金融资源匮乏,农民的融资渠道狭窄。

从信贷配给与金融排斥的概念含义上来看,信贷配给与金融排斥都集中发生在偏远地区或贫困地区,配给和排斥对象也多集中在农村经济主体或是弱势群体，形成配给和排斥的主要原因有违约风险、交易成本、信息不对称等，二者并不是两个差异性较强的概念。但是，从金融排斥的研究范围来看，金融排斥的具体表现是金融需求主体无法获得包括银行基本账户、信用卡、养老金、家庭保险、信贷等最基本的金融服务，这其中隐含着信贷配给是金融排斥的一个子集，如果发生了信贷配给必然受到了金融排斥，但是受到了金融排斥的原因可能不能简单的归因为信贷配给。从金融排斥的延伸意义来看，金融排斥是社会排斥的子集，受到金融排斥的群体，在其他领域也会受到排斥，从而加剧社会排斥和贫富差距，导致社会的不协调发展。金融排斥涵盖了一定的社会权益保障问题，体现的是一种金融权利诉求上的障碍，这就要求在研究过程中既要考虑到经济学范畴还要涉及社会学范畴。就针对农村金融问题的研究进展来看，农村金融问题正在不断地扩展研究范围，从信贷配给——贷款难，扩展到了金融排斥——基础金融权利、金融产品、金融知识、信贷问题，研究的范围正在向纵深化发展。但是，现在可观察到的研究成果仍以关于农村信贷配给问题为主，其主要原因是信贷配给问题在金融排斥的集合中相对而言更容易被观察到，也更容易引起关注，而像金融权利障碍、金融知识缺乏等问题更多的隐藏在金融需求主体内部，不容易观察到，金融权利缺少、金融知识匮乏等问题又往往是信贷配给形成的一个原因，所以最终农村金融问题研究呈现的结果往往是以农村信贷配给问题研究为主。

本书通过对金融排斥与信贷配给的辨析中得出，在对金融排斥问题的研究中，绝对不能脱离信贷配给的研究模式，但是也不能局限于信贷配给的研究范畴，应该在信贷配给研究的基础上，以信贷配给为出发点，进一步扩展研究范围，根据金融排斥与信贷配给之间的包含关系，可以将金融排斥划分为三个不同层次的级别：

严重排斥——接触排斥，这种排斥源于金融基础设施缺乏，比如没有银行服务网点，无法接触金融机构，受到这种排斥的群体是被金融服务忽略的群体，这方面的缺失表明是最基本权利的缺失，也相应受到了最为严重的金融排斥。金融基础设施缺乏主要是由于金融监管的放松和金融自由化的推进，并伴随着信息技术的发展，金融机构从偏远贫穷地区撤并了大量分支机构，将金融资源集聚到相对富裕的地区，这就导致了偏远贫困地区或者是低收入、弱势群体因为受到地理因素限制，引起了接触性金融排斥。接触排斥是一种被动排斥，被排斥群体无力改变金融机构追逐利润的本性，只能被动地接受。接触排斥的程度与偏远贫困地区到最近距离金融机构网点的距离、地区的经济活跃度及人们的收入水平直接相关，距离越近，交通越方便，接触金融机构的交通成本就会降低，接触排斥的程度也会逐渐降低；地区经济越活跃，接触和利用金融机构的机会增加，与金融机构交易的次数降低了交易的成本，减轻了人们接触金融机构的成本负担。人们的收入水平越高，对接触金融机构所支付的交通成本的敏感度越低，与金融机构的距离影响程度也会相应降低，从而降低了接触排斥程度。中级排斥——服务排斥，这一层级的排斥源于两个方面：一方面源于金融资源的供给方。金融机构的经营目标是“收益最大化，风险最小化”，这是适应市场经济发展的合理选择，一些弱势群体不论是从经济收益的获取能力还是从风险的承受能力来衡量，均不符合金融机构的经营目标，所以，金融机构在提供服务时，直接将这一类型的群体忽略，即使他们能够很容易的接触到金融机构，但是也不会享受到金融机构提供的服务，即使能够享受金融机构提供的服务也要付出比其他群体高的成本。另一方面源于金融资源的需求方。金融资源的需求方由于对金融知识的了解和金融服务的运用方面存在的障碍，进一步的影响到其利用金融机构的能力。引起对金融知识的了解和金融服务的运用障碍的原因可以归结为两类，一类是由于金融资源需求方的个体特征，如受教育程度低引起的金融障碍，另一类是由于金融机构服务设置不适合金融资源的需求方，如申请金融服务程序烦琐引起的金融障碍。服务排斥既可能是由金融资源的供给方的原因引起，也可能是由于金融资源的需求方引起，从排斥的原因来看，要比接触排斥复杂得多，但是，从排斥程度上来看，要低于接触排斥，服务排斥是在能够接触到金融机构时才会产生的排斥。初级排斥——信贷排斥，之所以将信贷排斥定位于最初级的排斥层级主要是因为金融机构的信贷业务相对于基础金融服务而言，偏重于以经济利益为目标，经济责任大于社会责任。从受到金融排斥的群体特征来看，他们一般都是贫困群体或弱势群体，在经济社会发展过程中，这一类群体必定会处于经济层级划分的底层，用经济价值判断这一群体，其必然会受到排斥，这也就不难理解信贷排斥存在的普遍性了。而且，信贷排斥与接触排斥和服务排斥之间还存在一定的因果关系，接触排斥和服务排斥是引起信贷排斥的直接原因，在无法接触和使用金融服务时，必然不能利用金融机构提供的信贷服务。另外，信贷排斥也更容易被观察到，基于上述分析将信贷排斥划分为初级排斥。

（四）金融排斥的影响效应

影响效应一般是指在有限环境下，以直接或间接的方式来作用或改变人或事的行为、思想或性质，通过一些因素和一些结果而构成的一种因果现象，多用于对一种自然现象和社会现象的描述。影响效应一般分为正面影响效应和负面影响效应，正面影响效应是指实践取得的良性效果和反应，负面影响效应是指实践取得的恶性效果和反应。

在本书中将金融排斥定义为：部分地区（偏远地区、贫困地区）经济主体（贫困人群、弱势群体、中小经济机构）由于制度因素、金融环境、经济发展水平等因素影响，无法通过适当的渠道获得基本的金融产品或金融服务，即使获得了金融产品或金融服务，也要比其他主体付出更高的代价。它是社会排斥的子集，受到金融排斥的群体，在其他领域也会受到排斥，从而加剧社会排斥和贫富差距，导致社会的不协调发展。金融排斥的具体表现是金融需求主体无法获得包括银行基本账户、信用卡、养老金、家庭保险、信贷等最基本的金融服务。其定义本身就具有一定的负向性，相应的金融排斥的影响也更多地体现为一种负面影响效应。鉴于此，本书对金融排斥的影响效应研究多集中在金融排斥的负面影响上。

农村金融排斥的主要作用双方是农村金融机构和农村经济主体，农村金融机构利用有形或无形的方式作用于农村经济主体，通过金融排斥影响农村经济主体的金融资源可得性，进而对农村经济主体的发展产生一定的负面影响。在农村金融排斥的过程中，农村金融机构的金融服务及信贷政策和农村经济主体金融资源分配情况是两个显性变量，可以通过直接观察获得两者的基本信息，而金融排斥的作用是一个隐性过程，无法直接观察到排斥的作用及影响。农村金融排斥的作用过程表现为一个显性变量（农村金融机构金融服务及信贷政策）输入，通过一个隐性过程（金融排斥）作用，产生了一个显性结果（农村经济主体获得金融资源的能力），是一个动态运转过程。所以本书对于农村金融排斥的影响效应研究不局限于观察金融排斥的现象，描述金融排斥对农村经济主体的影响效应，而是将农村金融排斥作为一个动态体系，将农村金融的影响效应研究内容扩展为利用中国农村金融发展及中国农村经济主体金融资源分配情况，分析在中国农村经济发展过程中，金融排斥产生的原因是什么，金融排斥的程度及金融排斥的影响因素，最终解释金融排斥的负向影响效应。

第四节　研究内容及技术路线图

一、研究内容

本书的研究内容如下：

第一章，中国农村金融研究背景分析。本章主要交代研究的背景与意义，国内外研究现状及评述、研究目标与内容、研究手段与方法等内容。

第二章，理论基础。本章将为全书的分析和研究提供相应的理论基础。通过对金融地理、金融抑制、信贷配给、信息不对称等理论的梳理，总结评述相关理论，为研究中国金融排斥的影响效应提供理论支撑。

第三章，中国农村金融体制改革评析。本章主要通过梳理中国农村金融体制的变革路径，描述在金融体制变革过程中我国农村金融排斥的现状。

第四章，农业经济增长过程中的金融排斥分析。本章采用1985—2008年30个省（自治区、直辖市）（除西藏、台湾、香港、澳门外）的相关数据，首先，利用协整检验建立多元回归方程验证农业贷款对农业经济增长的贡献。其次，利用泰勒指数测算我国总体金融和农村金融的发展差异。最后，运用金融扭曲度指标测算农业在金融发展过程中受到金融排斥的程度。

第五章，农村金融资源配置中不同收入层农户金融排斥分析。本章基于中国农村金融资源配置效率低这一事实，利用Black-Scholes-Merton违约风险结构模型分析不同收入层农户的违约风险，在此基础上，从农村金融资源供给和需求两个方面对不同收入层农户的金融资源配置特点和金融排斥类型进行了深入的研究。

第六章，农牧户金融排斥影响因素的实证分析。本章以内蒙古赤峰市和鄂尔多斯市两地的调查为例，对农牧户的金融排斥程度及其影响因素展开了深入调查，并通过构建 Logit 实证模型进一步定量明确农牧户金融排斥的主要影响因素。

第七章，金融排斥对农民工创业意愿的影响分析。本章以农民工为研究对象，对农民工创业过程中的金融排斥情况进行调查，利用调查数据和统计结果，从地理排斥、评估排斥、条件排斥、价格排斥、营销排斥和自我排斥六个维度分析农民工创业过程中受到的主要金融排斥类型。

第八章，结论及政策建议。总结研究结论，提出相关政策建议；探讨研究的局限性和有待深入研究的问题。

二、技术路线图

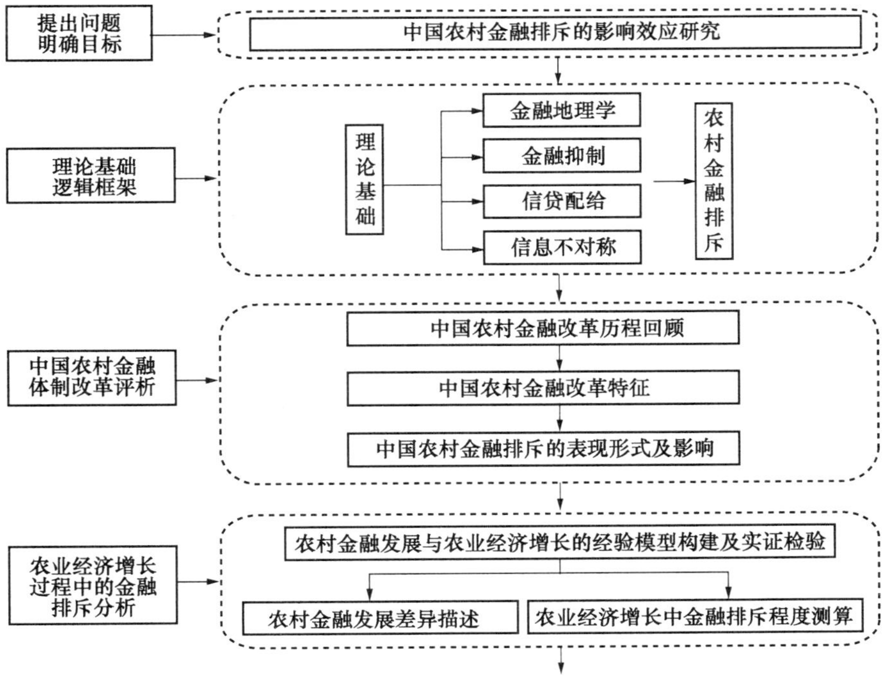

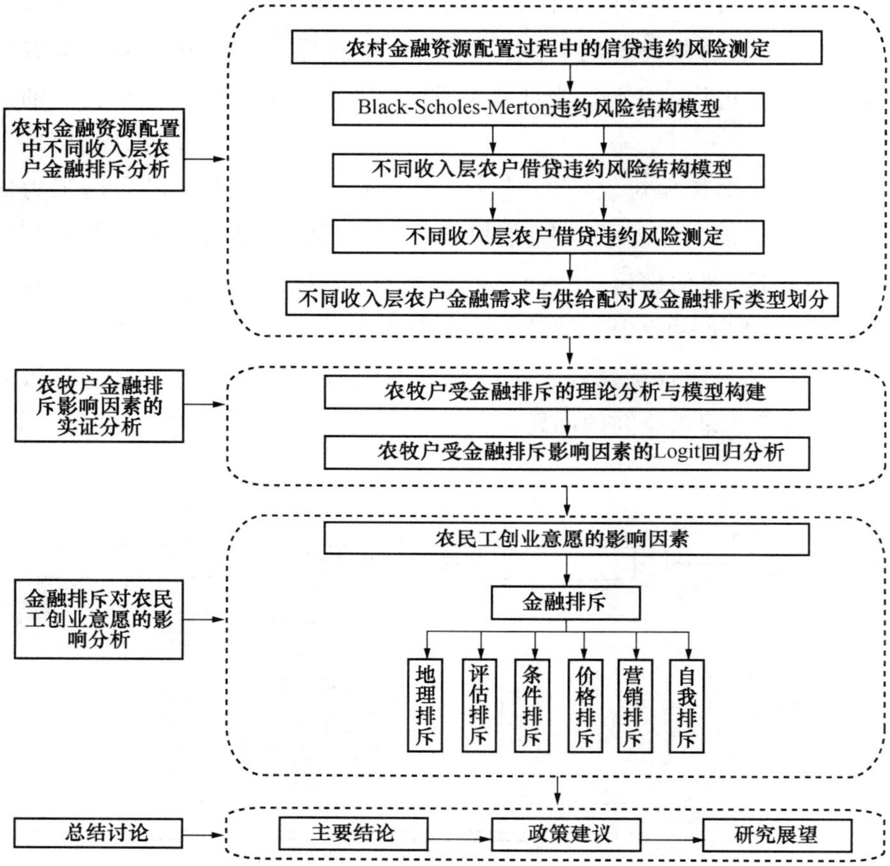

第五节　研究方法和数据来源

一、研究方法

本研究主要采用理论探讨与实证分析相结合的研究方法。具体的方法主要包括：

（一）实地调查

目前关于我国农村金融问题的统计资料多集中于农业贷款和农村信贷方

面的数据，直接对我国农村金融排斥进行统计的数据资料很少，因而本书除了多收集二手资料外，主要采用实地调查获取第一手资料数据。调查数据包括：①农民工创业过程中金融排斥影响因素。主要从地理排斥、评估排斥、条件排斥、价格排斥、营销排斥和自我排斥六个维度进行调查和数据收集。②农牧户金融排斥的影响因素。主要从农牧户个人特征、农牧户家庭资产特征、农牧户社会资本、区域农村金融发展水平四个方面进行调查和数据收集。

（二）描述性统计分析

描述性统计分析可以充分利用宏观统计数据和实地调研数据对所研究的问题进行剖析，本书主要利用实地调查的农民工数据对农民工在创业过程中受到的金融排斥进行统计分析。使用宏观统计数据农业 GDP（国民生产总值）和农业贷款总额结合金融发展不平衡等指标测算我国农村金融发展差异。利用农业 GDP、农业贷款总额、非农业 GDP 和非农业贷款总额结合金融扭曲度对我国金融排斥程度进行测算。

（三）计量模型分析

计量模型是现代经济研究中广泛应用的一种重要的实证性经验分析方法，通过拟合宏观数据或调查中获得的实际数据，利用回归模型，解释研究对象。计量模型与描述性统计分析相辅相成，在对大量数据进行分析的基础上，计量模型能够从具有一定规律性的数据中，定量化的分析出不同自变量对因变量的影响程度和影响方向，能够对经济理论和经济现象提供数量分析的支持。本书主要应用以下两种计量模型。

1. 协整关系检验

利用生产函数构建农业产值增长的回归模型：

$$\ln Y_t = \alpha_0 + \alpha_1 \ln G_t + \alpha_2 \ln F_t + \alpha_3 \ln E_t + \alpha_4 \ln F_t \cdot \ln G_t + \alpha_5 \ln L_t + \mu_t$$

其中，Y 为农业产值，G 为农村固定资产投入，F 为农业贷款总额，E 为财政支农总额，L 为农业就业人员数，α_0 是常数项，α_1 是在 t 时刻农业产值关于农村固定资产投入的弹性，α_2 是在 t 时刻农业产值关于农业贷款的弹性，α_3 是在 t 时刻农业产值关于财政支农的弹性，α_4 是农业贷款与农村固定资产投入之间的互动系数，α_5 是在 t 时刻农业产值关于农业就业人员数的弹性，μ_t 为残差项。

利用协整关系检验方法验证农业贷款与农业经济增长之间是否存在长期均衡关系，并计量分析农业贷款增长对农业经济增长的作用。

2. 二元选择模型

结合描述性统计分析结果，运用 Logit 二元选择模型分析农牧户受到金融排斥的情况。假设农户受到金融排斥时 $y=1$，否则 $y=0$，则有：

$$\ln\frac{p(y=1)}{1-p(y=1)}=\beta_1+\beta_2 z_2+\cdots+\beta_k z_k$$

其中，$\ln\frac{p(y=1)}{1-p(y=1)}$表示农户受到金融排斥的概率；$p$ 表示个体做出某一选择的概率；z_k 表示影响农户享受金融服务、获得金融产品的各种因素；β 正值表示增加 z_k 将会增加农户受排斥的概率，负值则意味着相反的结果。

二、数据来源

本书数据来源分为三种：①年鉴数据。本研究广泛使用了《中国统计年鉴》、《中国金融年鉴》、《中国农村金融统计年鉴》和《中国农村统计年鉴》的数据。②调查数据。包括笔者对北京市农民工进行的问卷调查数据和内蒙古自治区鄂尔多斯市和赤峰市两地区的农牧户进行的问卷调查数据。③相关文献数据。

第六节　创新点说明

其一，研究视角具有一定的新颖性。本书突破现有关于农村金融排斥研究多局限于实证分析，而忽略了理论研究的局限性。由于农村金融排斥往往会表现出不同的特征，目前的研究比较分散，并没有全面系统的研究，仅凭金融排斥的某一特征表现来分析我国农村金融排斥的问题，并不能从根本上解决农村金融排斥。特别是我国正处在金融制度调整阶段，金融市场秩序还不完善，农村金融机构更是金融发展的薄弱点，农村金融排斥问题的影响不仅涉及金融领域而且还扩展到了社会领域，解决这一问题的关键是找到现象背后的实质，本书正是以此作为切入点，试图通过实地调查与理论分析相结合，系统全面地研究我国农村金融排斥的机理。

其二，研究内容具有一定的开拓性。第一，在分析农业受到金融排斥的过程中，运用了金融扭曲度指标测算了农业在金融发展过程中受到金融排斥程度。第二，细化了不同收入层农户受到金融排斥的程度及类型，分析了农户受到金融排斥的主要影响因素。第三，首次分析了农民工创业中的金融排斥现象。

其三，预期研究成果可能具有一定的可借鉴性。即本书所要进行的理论探讨和实证分析的内容都具有一定的开拓性，逻辑框架和研究视角在该研究领域也具有创新性，预期收集到的数据和研究成果将可能为后续的研究提供一定的理论参考和借鉴，为我国农村金融排斥问题的解决提供一些思路和决策依据，也为我国“三农”问题的解决提供一个新的研究视角。

第二章　理论基础

第一节　金融地理学的发展

一、金融地理学的产生

金融地理学作为一门新兴的边缘交叉学科，属于地理学的一个分支，更是经济地理学的一个子集。金融地理学家 Leyshon 在这一领域已从事了十年的研究，他在评价《资本的局限》一书在金融地理学科中的作用与地位时就曾指出：这本书是经济地理学分支学科产生的催化剂。该书第一部分集中于政治经济方面，分为地缘政治、地缘经济和金融排斥。地缘政治透过自由主义、平均主义、社会主义和其他意识形态来探讨其背后的权力政治。由于系统的转变带有重大的风险，同时也具有不同寻常的机遇，因而地缘政治的预测性是不可低估的。地缘经济则向操作层面跨进了一步，它把地缘政治形势作为已知条件接受，注意力转向投资组合、信用流动、币种选择以及限定和形成基本经济力量的文化环境。第二部分是有关多种货币、货币网络和金融中心的研究。对多种货币的形成和使用的研究在很大程度上是历史和社会人类学的。货币网络业有着浓重的哲学意味。尽管对特定的地理区域进行了专门研究，但是社会学和人类学的视角仍然占主导地位。而且金融中心的持久性在很大程度上依赖于社会因素，金融交易需要建立信用，而建立信用最有效的方法就是面对面的接触，从而使集聚在同一个金融中心更有利。最后一部分是金融排斥性，它的主要论点是穷人和穷国不能在商业市场上获得金融服务，或至少他们要支付比别人高的价格。在 Leyshon 研究中不难看出，他认为金融地理学是由经济地理学分化而来。瑞斯托·劳拉詹南(2001)也曾指出：很难想象经济地理学如果没有对金融领域的基本了解如何能进行研究，这个领域把大大小小的无数工厂、商店、办公室以及人类居住地都编织在它的网络中。可以说，瑞斯托·劳拉詹南同样认为金融地理学是由经济地理学衍生而来的。

国外的很多学者将经济地理学分为旧经济地理学和新经济地理学，并认为金融地理学的学术渊源应该在于新经济地理学，而且金融地理学应该汲取不同学科的营养，不能囿于传统的主流理论。经济地理学主要研究经济活动的空间组织和配置、世界资源的使用以及世界经济的扩张和分布状况。在经济地理发展的早期阶段，经济地理学被称为商业地理学。经济地理学作为研究的一个特殊领域，主要围绕以下三方面展开研究：一是人与环境的关系；二是地区差异；三是空间组织。经济学家的"新经济地理学"与地理学家眼中的"新经济地理学"是完全不同的两个概念。大部分地理学家感兴趣的是实体事务，而像货币，在现代意义上说，是非实体性的。这种非实体性给人们一种印象，即作为地理学核心的距离摩擦被边缘化了。当距离摩擦消失了，地理学也就丧失了它的大部分基础。经济学家的"新经济地理学"除了引起主流经济学家对区域经济研究的兴趣外，还对经济学的发展做出了两个突出贡献：一是"新经济地理学"把报酬递增运用到规模上来解释集聚模式。该思路提供了将区域经济学中不同研究方法连接起来的一个框架，如离心力与向心力、一般均衡假设和个体相关选择等方法。二是克鲁格曼的"新经济地理学"对国际贸易理论提出了一个更好的解释。主流经济学分支的新经济地理学特别强调模型分析的方法。克鲁格曼就曾指出之所以在整个标准的经济学理论中几乎完全看不到经济地理学的身影，其主要是因为缺乏巧妙而有说服力的模型。地理学家却对经济学家的"新经济地理学"持批评态度。他们认为，人类的环境并不是单纯的，不仅有各种自然的和生命的环境，而且还有每时每刻影响我们的活动、信仰和价值观的许许多多的社会的、文化的、政治的、经济的、法律的以及其他的环境。任何一个数学模型都无法将这些因素全部囊括,而克鲁格曼依然依赖不现实的假设模型,并用之代替真实世界中问题的核心部分。地理学家眼中的"新经济地理学"更多地考虑了区域的个性,文化、社会、历史、制度这些要素普遍受到重视。

迄今为止,金融地理学学科的概念和研究范围始终没有达成共识。但是,金融地理学家们在某些相关问题上观点是一致的:强调根植性;主张跨学科的研究,社会学、心理学、历史与地理等都是其研究的工具;认为经济活动的背景可以成为任何经济地理学解释的关键组成部分等。金融地理学是不同学科互相渗透、合流,内在地、有机地结为一体而形成的新学科。

二、金融地理学的研究现状

(一)地理环境变化与金融发展的关系

随着全球化的进程加速,以 O'Brien 为代表的"地理已死"的观点认为,地理的概念不再重要。他们认为"可替代的货币仍将继续避免并且在很大程度上成功地逃离现存地理条件的限制"(O'Brien,1992)。但是 Portes 等(2001)也提出了相反的意见,他们指出由于存在信息不对称性,导致了资产交易与距离存在很强的反向关系。正是由于信息的不对称性质,金融部门为了能够更全面地了解金融市场环境,需要更为接近信息源。因此,人们不可能完全摆脱地理因素的约束。Martin(1994)认为,新的"流动空间"将取代、重塑旧的"位置空间",这并不是说我们将步入"地理已死"的阶段,它并没有削弱区位和位置的重要性。之说以会有"地理已死"的观点是由于在对经济学中的地理的含义产生认识上的分歧。从狭义的自然地理观来看,随着科技的进步,交通的便利程度提高,从一个地域抵达另一个地域的时间明显缩短,人们对自然地理条件的依赖性自然越来越小,从这个层面来看,"地理已死"观点是正确的。但是从金融地理学角度出发,可以看到金融地理学不仅关注自然地理环境的作用,而且更强调社会、文化等人文因素,不同区域的政策环境等因素综合考虑,在自然地理的基础上加上了人文地理因素来综合分析,使地理环境的含义更加丰富。更多的学者则从实证角度出发,在分析金融现象时强调了地理因素。Bevaerstock 和 Doel(2001)分析了东亚金融危机的空间体系结构,指出危机的空间性:随着全球风险和机会在地形上的变化,资本会在某地增加或减少,许多人认为这是具有破坏性的力量。当由于市场心理、道德风险或资本过于密集时,会产生反常现象从而造成破坏性的后果。由这场危机产生了关于全球金融系统的两个主要地理学上的争论。第一,全球投资银行成为一地区金融系统空间结构的重要角色。投资银行通过分支机构的网络联系、在东亚的金融市场上的相互作用和公共的、私人的客户群网络,在维系一地区金融系统方面发挥了重要作用。它们在危机中对地区金融系统的中介作用的价值是不可估量的,在这期间,许多当地的亚洲银行包括日本都被累积的债务所困扰而不堪重负。第二,全球投资银行深入其他地理范围内的市场的规模和多样性表明,它们能比东亚当地银行更好地、更有效地处理危机。由于东亚银行与本地区的金融系统紧密相连,因此从危机中损失最大,它们在地理上相对来说最不分散也不多样化。

从上述学者的研究中可以得出,金融地理学所指的地理环境并不单纯指事件发生的背景或事件发生的容器,金融地理环境是多元的、活跃的、跳跃的和多旋律的。

(二)金融地理与金融中心的研究

Hepworth(1981)探讨了国际金融中心形成的主要影响因素和简单的发展历程。一般来说,以集聚的银行、证券公司、证券交易所、投资基金和保险公司的总部数量、银行与保险资产量、证券市场资本量和交易量等指标给金融中心排序是可行的,也可以通过这些指标看出中心的发展和萎缩。金融中心发展过程的高度规律性使其可以被归纳为五个阶段,这五个阶段又构成一个腹地范围的等级体系(Reed,1981),每一阶段的中心相应地服务于:它的直接腹地;腹地外更大区域;整个国家范围;邻近国家和政治属地;成为世界范围的金融中心。新兴金融中心的基本功能是银行业,先是零售银行业务,然后是批发业银行业务。已建成的银行业中心被认为是具有永久性的,不容易消失。显然,确认这一中心是根据重要银行的总部所在地。具备收集、交换、重组和解释信息的能力是金融中心最根本的特征。收集能力很大程度上依赖中心外部的因素：早期形成的河流交叉点和经济航线；后来建成的铁路、地下电车和高速公路枢纽；以及今天的先进的航空联系和卫星通信。地理区位的有利和不利因素决定了金融中心的建立与否，David(1998)采用新的方法对14个国家跨境资金流动的数据进行分析。指出总资本的流动取决于流入国或流出国的市场规模和交易成本，而信息和交易技术在其中的作用至关重要。地理学上的距离代表某些信息成本，其他变量则明确代表了国内外信息的传输和不对称性以及交易的效率。研究表明：信息的地理分布是国际之间金融交易的主要决定因素。Gehrig(1998)在评价金融中心的作用时对金融活动的地理学方面进行了研究，由于现代通信和信息技术的发展，最终会导致金融活动的地理含义减少，金融中心的作用在于其是否能够成功地产生突破地理限制的外部性，也就是金融中心通过空间技术控制金融中心外围的发展。Zhao(2002)则认为，信息外部性以及不对称信息不仅是塑造信息腹地和决定金融中心的重要因素，也是影响地区等级和全球层次的重要因素，它们导致"路径依赖"优势的改变或削弱。Porteous(2000)通过研究一系列强而有力的工具去说明和解释区域金融中心的发展。比如，"路径依赖"能有效地解释为何某城市能长久地在区内维持优势，而"不对称信息"理论和"信息腹地论"则能解释为何"路径依赖"优势会被改变甚或削弱。Portes 和 Rey(2000)的研究成果表明交易流动的最主要决定因素为市场规模、交易效率和距离，距离与交易呈负相关关系。他们认为距离大致上可以代表信息的不对称性，交易的多样化以及逐利动机都完全处于信息效应的支配之下。

从整个金融中心的研究中来看，金融地理学贯穿始终，它将金融机构的空间结构、空间发展过程以及金融机构与环境的关系作为主要研究内容，为解释金融中心的形成、发展提供了理论基础。

(三)货币地理学的研究

货币地理研究最早起源于 Harvey，他在1973年出版的 *Social Justice and the City* 一书中首次提到应该对货币、空间和地点之间的关系展开研究，货币地理学的研究相对来说比较完善。Leyshon 在这方面的研究对货币地理学的发展做出了突出贡献，他主要从三个方面出发，一是致力于研究货币和金融的政治经济学方法（Leyshon，1995）；二是对有关货币、金融的其他可选择的理论的兴起进行评述，并且在分析货币和金融系统时引入了自反性的意识和文化与人文力量的作用（Leyshon，1997）；三是探讨了研究货币金融的新方法，要求更加关注性别、主体代表性，进行具体化分析，以便了解货币和金融地理学的构成。Black（2000）通过确认货币重要和抽象的特性而试图在货币功能性和物质性理论之间寻找一条中间路径，并且为鉴别不同时空货币系统的变化提供了方法。Dodd（1994）认为，货币具有多方面用途、执行所有可能的货币功能这种看法是错误的，不存在同时发挥这些功能的货币形式。法定货币只是在实践中被用于价值储藏；钞票和硬币代表价值单位而非其本身；支票、信用卡和银行汇票只是支付手段，认为这些货币形式可以执行多种职能、具有多种用途的想法是荒谬可笑的。Thrift（1994）主要致力于金融网络的研究。货币也是具体化的、蕴含了大量的社会和文化变形。地理学上的研究工作专注于城市的金融经济，但是最近的研究则有所拓展，不但研究较小的城市中心，而且在研究经济因素的同时也强调了世界城市的社会和文化因素。Miller（1992）则从社会网络的角度来探讨社会公共联系和集体角色构建。他指出交流的相对重要性与集体行为的策略性，其形式随着历史、地理的演变而变化，人们行为协调的方式往往根植于某地，但是由于资本的高度流动性而变得不稳固，公共联系的纽带不可维系，地区对社区基础来说变得不那么重要，对公司区位和投资决策而言，地区则更加重要。强调基于社区的联系开始流动，由于时空压缩而导致新形式集体角色的产生。

三、金融地理学发展研究的社会转向——金融排斥

20 世纪 90 年代以来，西方一些发达国家开始对金融业放松管制，并且此时信息技术得以广泛应用，为金融行业带来了新的发展空间，金融业者开始"以经济价值最大化"为目标取向，对其内部进行一系列的改革和重组。一些银行和其他金融机构出于降低成本、增加利润的考虑，将一些中小城市的银行分支机构纷纷关闭，从而造成这些相对落后地区缺少金融机构，由此产生了金融排斥。金融排斥问题成为金融地理发展中的一个新的议题。

学者们最初还是从金融地理学地理意义上解释金融排斥现象,被金融排斥的地区在金融地理分布格局中处于劣势地区,基于地缘因素导致偏远地区受到金融排斥。金融中心的发展也必将促使更多的金融机构向中心地带靠拢,而金融中心的辐射面受到地理距离的阻碍,并将抛弃成本过高的边远地区。随着经济地理学研究的文化与制度转向,经济地理学者越来越多地从社会文化和制度角度来分析实际的金融地理问题,金融排斥问题从单纯考虑地理因素扩展到观察受排斥的群体特征和所处的生活环境。金融地理学对金融排斥问题的拓展为本书进行农村金融排斥的作用机理提供了研究的切入点,尤其是对农村和农户的研究。在对农村地区金融排斥问题研究中可以相应的借鉴金融地理学的金融地理分布特征及金融中心集聚及扩散效应进行分析,在对农户金融排斥问题的研究中,金融地理学向社会学领域扩展中提出了金融排斥要考虑社会和制度因素,所以在对农户金融排斥研究中可以延续这一脉络。

第二节　金融抑制、信贷配给理论分析

一、金融抑制

(一)金融抑制的提出

20 世纪 70 年代,麦金农(R. I. Mckinnon)的《经济发展中的货币与资本》和肖的《经济发展中的金融深化》以发展中国家的货币金融问题作为研究对象,分别从金融压抑与金融深化的角度,全面论证了金融与经济发展的辩证关系,详细地分析了发展中国家货币金融的特殊性,二者分别针对发展中国家政府对金融的过分管制提出了金融深化的理论主张。麦金农和肖(1973)都认为西方经济学的古典理论不符合发展中国家的情况,麦金农进一步对新古典理论进行了修正,他认为发展中国家与发达国家相反,发展中国家的投资水平与利率水平正相关。爱德华·肖认为:“金融抑制战略”是一种产生过度需求和实行干预主义的战略,它是在同财富观和凯恩斯式财富观的模式大不相同的

经济中强制推行的战略。它会使落后经济更落后，并使其偏离稳定和理想的增长轨道。按照麦金农和肖的金融发展理论中的分析，金融抑制是发展中国家的一种特殊现象，即由于政府对金融市场活动采取了过多干预抑制政策，导致了金融体系的不发达，金融体系不发达进一步阻碍了经济的发展，从而造成金融抑制与经济落后的恶性循环。金融抑制既是一种状况，也是一个过程。作为一种状态时，金融抑制是指发展中国家大多存在着一系列的行政限制或税收机制，这些政策过多地干预了金融市场的发展，阻碍了金融体系的健康发展，使金融市场处于低效率和不均衡状态。作为一个过程时，金融抑制是指导致金融处于抑制状态的一系列措施、政策和作用机制作用的过程。它们相互交织在一起，严重阻碍了资本积累、技术进步与经济增长。

（二）金融抑制的特征

麦金农(1993)指出的金融抑制的工具为：高准备要求、特别的信贷机构、存贷款利率上限。在发展中国家，政府干预通常采取金融抑制的形式，因为在发展中国家经济中推行金融抑制政策一方面有利于政府加强对资源的控制，另一方面有利于政府支持它的发展战略与产业政策。金融抑制通常表现为三种形式：一是金融价格的扭曲，二是市场分割，三是货币市场与资本市场不发达。

1. 金融价格扭曲

资金的一种价格是利率，金融抑制的最主要特征表现为无论是存款利率还是贷款利率都被政府压得过低，不能切实反映金融资源的稀缺程度和供求状况，由于存款利率被压低，抑制了储户的储蓄动力，低贷款利率则鼓励了低效率的投资和资本密集型产业的发展，导致产业发展滞后。同时，由于金融机构——银行处于垄断地位，在金融资源分配中占主导地位，为了规避风险，银行往往对高风险的创新活动予以排斥，拒绝把贷款给予那些从社会角度看是有希望的创新者，最终造成了资源配置的不当。此外，低利率造成资本的过度需求，只能通过信贷配给的方式予以解决，而配给制则进一步降低了经济效率。而且在发展中国家，行政力量往往参与到金融资源的分配过程中去，常常是政治影响决定着投资的方向，导致金融资源流入到一些不具有高经济效益的产业或阶层中。对银行体系规定过高的准备金率和流动性比率也是价格扭曲的一种形式。

2. 市场分割

发展中国家经济总的来说是一种"被分割的经济"即二元经济，金融市场的二元性主要表现在两个方面：一是金融体制的二元性。一方面是分布广泛的国有银行和准许进入本国金融市场的外国银行分支网络，二者掌握了大量的金融资源，在金融市场上占有主导地位；另一方面则是传统的、落后的、小规模的非正式金融组织，它们在金融市场发展中也起到了至关重要的作用，但却始终得不到管理当局的认可。二是金融资源分配的二元性。发展中国家为了控制信贷和增加政府收入，通常对金融机构存款实行高准备金率。很多国家设置了多种形式的准备金，可贷资金离开公开市场的商业信贷活动，用于政府的各种补贴性用途，政府本身成为银行系统的主要借款者，有组织的金融机构遵循政府制定的低贷款利率，将资金贷给公营部门及少数大企业，而大量小企业及住户则被排斥在有组织的金融市场之外，只能以较高的利率从非正式金融机构获得所需的贷款。这进一步降低了存款者收益并对私人投资产生极大的"挤出效应"。

3. 货币市场与资本市场不发达

在金融抑制经济中，发展中国家的金融市场不发达，信用工具少，储蓄和信贷是最主要的金融工具，资本市场不发达同时还受到较多的控制。在发展中国家货币市场通常只有银行间拆借市场初具规模，其他市场如票据市场、国库券市场则很不发达，长期资本市场只有政府债券的一级市场具有一定规模，而且常常是政府强行出售给金融机构的。金融市场单一结构导致市场竞争性不强，这又进一步强化了对金融价格的扭曲，比如说，在真实利率被压低的情况下，如果资本市场缺乏，而银行体系的非价格竞争(如增设分支机构等)不受限制，或者国家实施各种强制性和非强制性的储蓄计划，银行体系仍有可能吸收到较多的储蓄。

(三)金融深化——金融抑制

麦金农和肖认识到金融抑制通过扭曲包括利率、汇率在内的金融价格和其他手段，降低了实际经济增长率，缩小了金融体系相对于非金融体系的规模，指出发展中国家的这种恶性循环的状态得以改善的有效途径是实现“金融深化”。所谓“金融深化”是指政府放弃对金融市场和金融体制的过分干预与控制，使利率和汇率的变化充分反映市场上资金与外汇的供求状况，并有效地控制通货膨胀，以期保证金融体制，特别是银行体制能以适当的利率吸引大量储蓄资金，同时能在适当的贷款利率水平上满足实质经济部门的资金需求。

1. 金融深化理论模型

在图 2-1 中，纵轴表示实际利率 r，横轴表示储蓄 S 和投资 I。$S(Y_0)$、$S(Y_1)$和 $S(Y_2)$分别表示国民收入为 Y_0、Y_1 和 Y_2 时的社会储蓄曲线。I 为社会投资曲线。C 线是“金融抑制线”，即表示政府硬性地规定利率的上线为 r_0，从而将实际利率人为地压低在均衡利率以下的政府干预行为。低利率一方面使资金投资不足，另一方面使投资效率下降，结果必然严重阻碍经济的发展。如果政府放松金融抑制，使实际利率 r_0 上升到 r_1，这就会使社会储蓄从 S_0 增加到 S_0'，从而使社会投资从 I_0 增加到 I_0'。由于投资的增加，结果导致国民收入由 Y_0 增加到 Y_1。而国民收入的增加又会使社会储蓄曲线右移至 $S(Y_1)$，这将又使投资增加。因此，当利率上升到 r_1 后，储蓄和投资将分别增加到 S_1 和 I_1。而且由于利率的上升，原来净收益率极低的投资项目，由 C 曲线、利率 r_1 曲线、$S(Y_0)$曲线和纵轴围成的部分将会因为亏损而被放弃。这样就能使整个经济社会的投资效率大幅度提高。因此，提高利率，一方面会提高社会投资率，另一方面又能提高投资效率，从而对经济发展起到促进作用。如果政府完

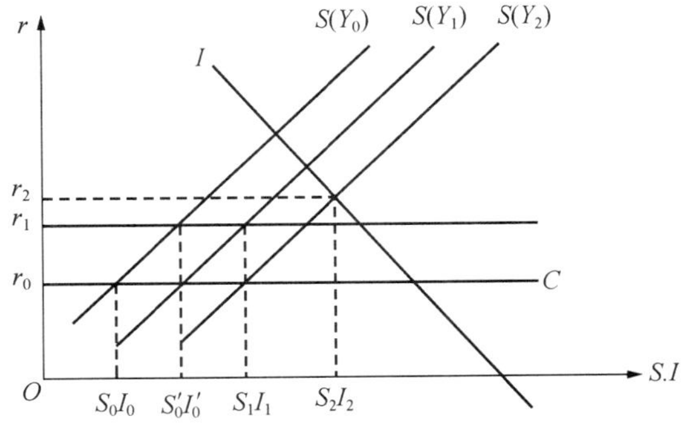

图 2-1 金融抑制下的储蓄与投资

全取消金融抑制，使利率由市场供求关系决定，达到均衡利率 r_2，这时，实际储蓄和实际投资还会进一步增加，从而最终促使国民收入更大幅度增长。金融体系与经济发展相互促进的良性循环活动就可以成为“金融深化”。

2. 金融深化衡量指标

金融存量指标，即利用反映一国在某一时点的金融发展状况的指标体系来衡量其金融深化程度，这一指标也被称为货币化。这一指标包括：①金融资产存量与国民收入之比。肖认为金融深化会导致流动性资产的储备增加，由于金融资产的流动性大于实物资产，因此在宏观上这一过程就体现为一国金融资产存量与国民收入之比的提高。②金融资产存量的结构特征。肖认为金融深化也会导致金融资产结构的变化，因此一定时点上各金融资产存量之间的比例关系是表征金融深化程度的又一指标，金融资产品种范围扩大了，期限种类也会增多。

金融流量指标，即利用一个时段内的金融发展状况来反映一国的金融深化程度。金融深化会减轻财政的压力，缓和对国外储蓄的要求，阻止资本外流，并从在建项目中转移出储蓄。这一指标包括：①投资来源构成中财政所占的比重。随着金融深化的深入，投资中财政所占的比重应当逐渐减少。②居民总储蓄中银行储蓄所占的比重。从理论上说，这一比例将随着金融深化程度的加深而减少。③企业融资中银行贷款的比例变化。金融深化将使这一指标有渐趋缩小的趋势。

金融资产价格指标，即用金融市场的各种价格水平来表征金融深化的程度。肖认为这一指标体系“也许是金融深化与否的最明显的表现”。它包括：①实际利率水平。这一指标与金融深化程度呈正相关。②利率的期限结构。金融深化将促使利率的期限结构渐趋合理并能反映消费者延迟消费的非意愿程度。

二、信贷配给

(一)信贷配给概念

1876 年,亚当·斯密的《国富论》中,在论述高利贷的最高数额时曾扼要地谈及信贷配给。1930 年,凯恩斯在其《货币论》中描述了在市场经济背景下,现实的经济活动中确实存在银行以非价格手段独立地配给信贷资金的现象。埃利斯(1951)将凯恩斯对信贷配给现象的描述和信贷“可获性学说”连接起来,出于风险的考虑,所以贷款者在任何时候都必须规定信贷标准,那些能够支付利率却因为无法满足信贷标准的要求而最终被拒之门外的借贷者被称为未被满足的边缘部分,贷款者运用信贷标准配给信贷资金的过程,称为信贷配给。威尔逊(1954)认为,信贷配给是指银行或其他信贷机构由于信贷资金供给总量的限制,致使一部分借贷者的信贷需求得不到满足,这部分信贷需求被配给掉了。古滕塔格(1960)和哈里斯(1974)将信贷配给定义为银行与客户间信贷合同中非价格条款的改变,如果银行提高了贷款的非价格条款,将会产生“正”的信贷配给,而如果放松了对贷款的非价格条款将会产生“负”的信贷配给。Stiglitz 和 Weiss(1981)将信贷配给定义为以下两种情况:①在无差别的贷款申请人中,部分人获得了贷款,其他人却没有得到贷款,这些没有得到贷款的人即使愿意支付比获得贷款人更高的贷款利率价格却仍然得不到相应的贷款;②无论有多么充足的贷款供给,总会有部分借款人在任何利率价格水平下还是无法得到相应的贷款。de Meza 和 Webb(1992)认为,非价格因素引起的借款人需求无法满足的情况不能称为“信贷配给”。此外,由于借款人未来现金流量和担保、抵押等条件不能满足要求而被拒绝贷款的情况,也不是信贷配给。斯蒂格利茨(1997)认为信贷配给指的是这样一种情形,由于市场利率低于市场出清的瓦尔拉斯均衡水平,信贷市场上出现了超额需求,当个人或厂商愿意支付现行利率,但是不能按照这种利率获得资金时,就称为他们受到信贷配给的限制。较为公认的信贷配给定义是 Baltensperger(1978)的概念。按照 Baltensperger 的观点,均衡信贷配给(equilibrium credit rationing)是指即使当某些人愿意支付合同中的所有价格因素和非价格因素时,其贷款需求还是得不到满足的情形。其中价格因素是指银行要求的且不受政府约束的贷款利率水平；非价格因素指担保条款、抵押、权益、行业要求等。

（二）信贷配给类型

1. 基于非均衡的外生信贷配给

非均衡配给主要由非市场力量决定，例如，利率上限、金融管制、高利贷法以及其他金融制度等，这些非市场力量大多是临时性的或是强制性的，随时会受到调整，因而，形成的均衡也常常看成是暂时配给均衡。非均衡是市场不完善情况下的供求不相等即市场不能出清现象，其表现形式主要有：一是对交易价格进行管制，在金融领域诸如存贷款利率限制，对高利贷的监管，证券与期货市场价格涨跌幅限制等，人民银行和银行监督会都有相应的限制性规定。二是数量配额，诸如信贷额度控制，资本市场中股权持有比例最高限额和公示制度等。三是歧视。诸如行业歧视、地区歧视、所有制形式歧视、规模歧视等。

2. 基于信贷违约风险的内生信贷配给

风险是信贷市场不确定性的普遍现象。霍奇曼（Hodgman）于 1960 年在《经济学季刊》发表了“信贷风险与信贷配给”一文，第一次提出了内生信贷配给理论。在他的模型中，信贷机构面对一群收入概率分布固定的借款者时，由于借款者的项目失败而带来的不能还款的风险存在，信贷机构会将预期作为贷款规模的增函数，信贷额越大，信贷机构的预期损失也越大，因此为了控制风险，对借款企业实行一定数量的贷款配额。他认为是经济而不是制度约束限制了所提供的贷款规模，为此，建立了违约风险信贷配给模型（图 2-2）。

霍奇曼模型考察了一个风险中性的银行与企业签订的单期贷款合约。企业投资项目的可能结果为 X，$k<X<K$，K、k 分别为项目结果的上界与下界。概率密度函数为 $f(x)$，约定偿付金额等于$(1+r)B$，由贷款规模 B 和贷款利率 r 确定，如果发生违约，该银行得到可获收入 X。对单个借款人，银行的预期利润：

$$\omega=\int_{k}^{1+r} x f(x)\mathrm{d}x+\int_{1+r}^{K}(1+r)Bf(x)\mathrm{d}x-(1+\alpha)B$$

其中 α 为完全竞争存款市场上固定利率，第一项为出现违约时银行的收入 X，

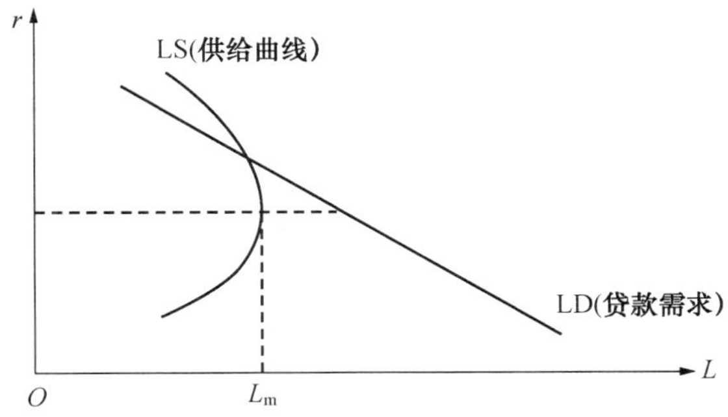

图 2-2　向后弯曲的贷款供给曲线

第二项是贷款全部偿还时的收入$(1+r)B$，第三项为银行的资金成本。

银行的决策变量为贷款利率 r 和贷款规模 B。如图 2-2 所示，在贷款量 L_m 处，银行贷款的期望收入减去期望损失后处于最大值，L_m 即为银行提供贷款的最大值，不管利率上升多高贷款额达到这个最大值后就不再增加。霍奇曼模型的分析揭示了在竞争环境下理性贷款者的信贷非价格配给，而不是因垄断贷款者或对索要的利率进行法制式的限制的信贷配给现象。

3. 基于信息不对称、逆向选择的信贷配给

Stiglitz 和 Weiss(1981)的《不完全信息市场的信贷配给》对信贷配给理论发展做出了突出的贡献。Stiglitz 和 Weiss 在该文中分析了事前信息不对称的条件下利率和贷款抵押的正向和逆向选择效应对信贷市场的影响，阐明了在利率机制和配给机制的作用下，厌恶风险的银行的行为会引致信贷配给。二者建立的 Stiglitz-Weiss 模型对信贷配给进行了详细的阐述。

(1)基于信息不对称的信贷配给　假设银行能够辨别一组借款人，每个借款人能够投资一个单期项目。每个项目需要的投资额为 K，每个借款人只有通过借款才能进行投资，排除其他的融资方式。项目的回报是不确定的，或者说是连续随机变量，其概率分布是均值不变的，方差却不同，方差越大，意味着项目风险越大。假定每个项目都存在成功或失败两种可能结果：

成功的概率区间为 $p_i=(0,1)$，成功的回报值为 R_i^s，失败的回报值为零，所有项目的预期回报均为 $\overline{R}$，即对全部的项目 i 有：

$$p_i R_i^s = \overline{R} \tag{1}$$

给定(1)式，如果 $p_i < p_j$，那么可以说项目 i 比项目 j 的风险大。

模型中有两种不对称性。一是信息不对称性。借款人知道其拥有项目的成功概率 p，成功的回报值为 R_i^s，但是银行仅知道 p_t 的分布。在这种信息不对称下，银行无法区分高风险借款人和低风险借款人，因此，如果银行实施的信贷配给形式是一部分贷款申请人获得额度为 K 的贷款，而其他申请人则根本得不到贷款。二是回报的不对称性。因为债务合约被假定是均值不变的，如果项目成功，借款人需要偿还 $(1+r)K$，如果项目失败，其偿还为零。因此发放贷款后，银行获得的收益就取决于项目的成败，一种情况是零，一种情况是 $(1+r)K$；而借款人的收益或者是零，或者是 $R_i^s-(1+r)K$。回报的不对称性使得风险中性的银行更加偏好于低风险的项目，而风险中性的借款人只有当其所要投资的项目的风险足够大时才会申请贷款。因此，在给定的利率水平 r 下，申请贷款并进行项目投资的很可能是那些风险较大的投资者，尽管银行喜欢风险低的投资者，但是低风险者很可能选择不进行投资。

(2)基于逆向选择的信贷配给　假设借款人的收益为：

$$E(\pi_i) = p_i[R_i^s - (1+r)K] \tag{2}$$

当且仅当 $E(\pi_i) \geqslant 0$ 时，借款人才会借款进行投资。只有 R_i^s 值足够高的项目才会实施，由(1)式可知，只有成功率(p_i)足够低的项目才会被实施。对(2)式求导可知：

$$\frac{\mathrm{d}E(\pi_i)}{\mathrm{d}p_i} = -(1+r)K$$

这样，p_i 值越大，借款人的预期净回报越低，仅当 p_i 取值足够低时，方程(2)才会得到预期净回报的正值。也就是说，具有较低成功概率的项目将给借款人带来更多的预期利润。因而，对于一组具有相同预期回报的项目，利率水平 r 越高，项目成功时的回报水平 R_i^s 必定越高，而项目成功的概率 p_i 必定越低。因此，当银行提高贷款利率时，贷款申请人的构成将发生变化：低风险者退出申请，剩下的只是风险较高的申请人。由此可知，虽然利率上升可以使银行的回报增加，但是也可以通过间接的逆向选择作用使银行的回报下降，银行需要在利率的正向效应和逆向选择效应之间进行权衡选择。在选择的过程中，银行出于对收益和风险的权衡，选择信贷配给。

信贷配给除了上述几种类型外，还有 Jaffee 和 Russell(1976)构造了基于道德风险的一个信贷配给模型，Willamson(1986)基于事后信息不对称和监控成本的信贷配给。

三、金融抑制、信贷配给的研究扩展——金融排斥

从金融抑制相关理论研究来看，金融抑制更多地表现为政府通过行政手段，利用金融工具来干预金融市场，以达到政府的产业倾斜政策。更多的是站在宏观层面角度分析金融发展的问题，与其对应的金融深化理论也同样从宏观政策角度考虑破解金融抑制的方法。从信贷配给相关理论研究来看，信贷配给的研究主要是从中观层面——金融机构的角度出发，着重分析金融机构在金融宏观政策和自身经营目标的影响下，利用设置限制条件导致金融资源配置过程中的部分金融需求得不到满足。而本书中所研究的金融排斥问题囊括了宏观层面、中观层面及微观层面三个层面，以微观层面——金融资源需求主体为出发点，分析中观层面——金融机构的经营目标、经营策略、运营手段，宏观层面——金融政策的制定方向、指导思想等对金融需求主体的影响。因此，金融排斥问题是以金融抑制理论、信贷配给理论为基础开展的，但同时又将金融问题进一步扩展到微观层面，扩展了金融抑制理论和信贷配给理论。

在研究方法上，金融排斥研究延续了信贷配给理论中的风险测定方法，继续应用信息经济学中的相关理论解释金融排斥现象，有所区别的就是由于金融排斥的研究对象更为具体化，因此在方法上也要进一步细化，针对不同研究对象特点有所改进。在缓解金融排斥问题的应对措施上，更多地借鉴了金融深化理论的基本思路，但同时又将政策实施范围进一步向前延伸至基本金融需求主体，扩大措施的实施范围，细化实施策略。

第三节 信息不对称理论分析

一、信息与不确定性

(一)市场中的不确定性

市场中总是存在着大量的不确定因素,大多数经济决策都是在不确定条件下做出的,而信息则是不确定性的负量度,即通过获取信息可以减少不确定性。不确定性可以理解为行动者对环境状态的不知道程度。当某一给定事件是孤立和静态的,行为结果是唯一的(已知的),那么,不确定因素则可以完全忽略不计,行为具有确定性。而一旦事件涉及未来的变化和多种相关因素时,经济环境便处于一种不确定状态,行为所对应的结果也不再是确定的和唯一的,而是一个可能状态的集合。在现实经济活动中,几乎所有的经济行为都具有或多或少的不确定性,因而必须面临某种程度的风险。行为者只能通过获取信息减少不确定性,或采取某种方式转移和分散风险。不确定性大致可以分为两种,即内生不确定性和外生不确定性。前者是指由于行为者自身的原因产生的不确定性。外生不确定性则是指与行为者本身无关的环境不确定性。这类外生的不确定性所引发的风险,对于行为者常常是无法抗拒的。因此,行为者必须在决策前尽可能地搜寻更多的信息,以减少环境中的不确定因素,预期事件的风险概率和降低风险程度。

(二)不确定条件下的信息约束

由于市场经济是一种负责的机制,事情之间存在着高度的相关性,相互之间互相影响,行为者做出决策时必须依靠大量的信息支持,但是在寻找过程中往往会受到信息约束,行为者所面临的信息约束主要有三个方面,包括成本约束、时间约束和有限理性。成本约束是指在搜寻信息的过程中是需要支付相应的成本的,而且信息搜寻成本是递增的过程。这些成本主要包括搜寻信息所消耗的时间和付出的交通成本和其他搜寻费用。由于成本的约束,如果行为者的经济活动预期带来的收益很小或者风险损失很小时,行为者一般不进行信息搜寻，节约搜寻成本。但是当不确定性影响的经济利益较大时，则必须进行信息搜寻，以降低风险减少损失。虽然获得完备的信息可以使风险减低到最小，但是信息的搜寻范围是有一定的限度的，在成本约束下，不可能获得完备的信息，只能获得相对详细的信息。信息的可获得性还受时间的约束，主要是一些信息具有“时滞”特征，只能在行为发生后才能表现出来，而在事前很难识别。这种信息类型即使花费大量的成本进行搜集也无法预测信息的形式，只能将这种信息作为事后行为的判断。除了获得信息方面存在约束外，行为者在获得信息方面还有一个不足就是对信息处理的能力有限。行为者的理性是合理的，即使能够获得有用的信息，人们也可能因为缺乏选择、判断的能力而无法识别和利用获得的信息。

二、信息不对称理论

（一）信息不对称概述

传统经济学认为经济行为人——厂商、消费者、投资者和政府都有“完全信息”，具有完善的信息接收和处理能力，因此经济行为不存在不确定性。然而，在现实经济活动中，经济行为人不仅不具备完全信息，而且处理信息的能力也十分有限，致使决策行为常常面临着不确定性。信息经济学正是在否定传统经济理论中的完全信息假设的基础上建立起来的，信息经济学是从不同侧面、不同角度对信息进行经济研究的新兴综合性学科，可以认为不完全信息是信息经济学的起源。不完全信息理论主要是着眼于经济活动中的信息因素，而不是信息或信息活动的经济问题，其核心是用不完全信息代替完全信息、不完备信息代替完备信息、非对称信息代替对称信息，对传统经济学理论进行补充和修正。

信息不对称是不完全信息的一种典型表现形式，如果市场的一方比另一方掌握更多的信息，就被称为信息不对称。信息不对称的概念源自阿克洛夫于 1970 年提出的信息非对称论，其将信息不对称定义为市场上买卖双方各自掌握的信息是有差异的，通常卖方拥有较完全的信息而买方拥有不完全的信息。信息不对称的广泛存在是因为随着社会分工越来越细，对于每一个专业领域来说，专业人士和非专业人士所具有的知识差距愈来愈大，从而形成不对称信息市场。另外，由于私人信息的存在，这使得关于人自身的一些信息具有隐蔽性，不容易被其他人获知。信息不对称一般可分两种情况：一种情况是在市场交易中，交易一方与交易对方相比，对于交易对象或内容是否拥有相等的信息，如果拥有相等的信息，则属于信息对称，如果拥有的信息不相等，则属于信息不对称，这种情况被称为外部的信息不对称；另一种情况是经济主体或行动主体在进行经济决策时，是否拥有做出最优决策所需要的全部信息，如果拥有，则属信息对称，如果不拥有，则属信息不对称，这种情况被称为内部的信息不对称。在信息经济学的研究中，信息不对称条件下的市场交易双方之间的关系在经济学上称为委托-代理关系，通常对交易双方根据谁拥有私人信息来进行区分，拥有私人信息的一方常常被称为“代理人”，而处于信息劣势的一方则被叫作“委托人”。

（二）信息不对称——道德风险

“道德风险”这一术语来源于保险业。在保险市场上，购买了财产保险的人将不再像以前那样仔细地看管家里的财务，购买了医疗保险的人可能让医生多开一些不必要的贵重药品。在这里，因为人们在投保后的行为保险公司无法观察到，从而产生了“隐藏行动”，保险公司面临着投保人松懈责任甚至采取“不道德”行为而导致的损失。在多数情况下，保险公司能观察到一种结果，这种结果是各种不可避免的风险和投保决策行为的一种混合产物。具体来说，道德风险是指占有信息优势的一方为自身利益而故意隐藏相关信息，对另一方造成损害的行为。如在借贷市场上，借款人与贷款人签订借款协议后，借款人与贷款人之间对于款项的具体使用及投资收益情况存在信息不对称，贷款人相对于借款人处于信息劣势，贷款人若要获取此方面的完全信息，需花费高昂的监管成本。因而借款人可能会利用贷款人的“信息缺陷”，采取滥用借入资金、隐瞒投资收益等行为给自己牟利，给贷款人造成损害。道德风险行为的存在增加了交易的风险性和交易的成本，导致委托人在交易完成后要对代理人行为投入一定的监督成本以获取相关信息，事前对这种成本的估计不足有可能抑制交易行为的发生，使信息的不对称产生的道德风险导致市场的低效运行。

道德风险从发生的主体上看，既有代理人方面的道德风险，也有委托人方面的道德风险。广义上的道德风险既包括代理人的道德风险，也有委托人的道德风险。狭义上讲的委托-代理理论仅指代理人的道德风险。这类模型也是经济生活中最常见的现象。按照 Arrow(1985)的观点，代理人的道德风险模型可划分为两类：隐藏行为和隐藏信息的道德风险。第一类隐藏行为的道德风险。隐藏行为的道德风险出现在契约签订后，由于代理人的行为不可证实，也就是说代理人在契约关系确立后拥有私人信息：代理人选择行为(例如工作努力还是不努力)，自然选择状态，代理人的行为和自然状态一起决定产出或者结果。委托人只能观测到结果，不能完全观测到代理人的行为过程和自然状态本身。最简单的例子就是劳动雇佣关系。第二类隐藏信息的道德风险。契约签订后，代理人可以观测到自然选择的状态，委托人可以观测到代理人的行为，但不能观测到自然选择状态，代理人相比委托人拥有私人信息优势，可能产生隐藏信息的道德风险。尽管代理人的道德风险是契约理论所研究的主要方向，但在某些情况下委托人方面也存在道德风险，委托人的道德风险发生在契约签订后，虽然委托人可以观测到产出结果并据此支付给代理人报酬，但是在许多雇佣关系中关于产出结果的度量带有很大的主观随意性，有关代理人产出业绩的信息是不对称的，代理人可能无法证实委托人观测到的东西，包括到法庭上也无法证实，在这种情况下出现委托人故意低估产出从而降低给代理人的支付报酬。

(三)信息不对称——逆向选择

逆向选择是指掌握信息较多的一方利用相对方对信息的无知而隐瞒相关信息，获取额外利益，客观上导致不合理的市场分配的行为。阿克洛夫在“柠檬市场：质量不确定和市场机制”(1970)一文中指出，在不对称信息条件下，自由选择会导致市场上“逆向选择”的产生，这时竞争性的市场机制是缺乏效率的。阿克洛夫分析了二手市场上的信息不对称状况，在这个市场上，每一辆车的质量好坏只有卖主知道，买主对产品质量的真实信息不了解。由于买卖双方的信息不对称，买方难以相信卖方提供的信息，便试图通过降低价格来弥补其信息上的损失，只愿意按照较低的质量水平出价；卖方的理性选择当然是抽走质量较好的汽车，让买方在剩下的差车中挑选。这时，逆向选择出现了：买方会出更低的价格，卖方也会提供质量更差的汽车。逆向选择的结果是，高质量的商品会退出市场，充斥于市场上的是质量低劣的商品——“柠檬（次品车）商品”，其最终的结果是旧车市场的萎缩。这样，在存在信息不对称的市场上，质量高于平均水平的卖者就会退出交易，只有质量低的卖者进入市场，产生“劣驱良”的现象，导致交易的帕累托改进不能实现，市场最终趋于萎缩。

在信贷市场上也存在逆向选择，并且这种逆向选择将导致信贷配给。一般来说，银行的期望收益取决于两个因素：贷款利率和借款人还款的概率。因此，银行不仅关心利率水平，而且关心贷款的风险。如果贷款风险独立于利率水平，在资金需求大于供给时，通过提高利率，银行可以增加自己的收益，不会出现信贷配给问题。但是，当银行不能观察借款人的投资风险时，提高利率会使低风险的借款人退出市场，这就产生了逆向选择问题。逆向选择行为将导致信贷市场的低效率，甚至导致信贷市场消失，这种道德风险行为将导致银行放款的平均风险上升。另外，利率越高，借款人申请项目的平均质量就越低，违约的概率就越大。在有限责任制下，借款人的收入不可能小于零，借款人享受成功的好处，但可以不承担失败的损失。给定项目的收益，较高的利率意味着成功时较低的利润，只有那些成功时收益较高的项目才会申请；但是，给定期望收益相同，较高的成功收益意味着较大的风险，也就意味着较低的成功概率。在信贷市场上，高风险的项目驱走低风险的项目，较高的利率就意味着较大的违约风险，这就是信贷市场上的逆向选择。

可以通过下述推理过程证明上述结论。假定有连续多个投资项目，每个投资项目有两种可能的结果，成功或失败；成功时的收益为 $R>0$，失败时的收益为 0。进一步，假定给定贷款种类中的所有投资项目具有相同的收益均值 T，并且银行知道 T。那么，如果 $p(R)$ 是给定项目成功的概率，则 $p(R)R=T$，即成功时的收益 R 越高，成功的概率 p 越低。假定每个投资项目需要的资金都为 1，企业没有自有资金，银行是唯一的资金供给者，贷款利率为 r，如果企业得到贷款，项目得以进行，成功时企业的利润为 $R-(1+r)$，失败时为 0；因此，企业的期望利润为：

$$y = p(R-(1+r)) + (1-p)0 = p(R-(1+r))$$

如果企业不投资，期望利润为 0。因此，存在一个临界值 $R^* = 1+r$，当且仅当 $R \geqslant R^*$ 时，企业才会申请贷款投资。因为 $p(R)R = T$，上述结论意味着，存在一个临界成功概率 p^*，当且仅当 $p \leqslant p^*$ 时，企业才会申请贷款。p^* 定义为：

$$p^* = \frac{T}{R^*} = \frac{T}{1+r}$$

假定 p 在[0,1]区间上的密度函数为 $f(p)$，分布函数为 $F(p)$，那么所有申请贷款的项目的平均成功概率 $\bar{p}$ 为：

$$\bar{p}(r) = \frac{\int_0^{p^*} pf(p^*)\mathrm{d}p}{\int_0^{p^*} f(p)\mathrm{d}p} = \frac{\int_0^{p^*} pf(p)\mathrm{d}p}{F(p^*)}$$

因此，

$$\frac{\partial \bar{p}}{\partial r} = -\frac{f(p^*)}{F^2(p^*)} \frac{T}{(1+r)^2}(p^* F(p^*) - \int_0^{p^*} pf(p)\mathrm{d}p) < 0$$

三、信息不对称的解释——金融排斥

从信息不对称的相关理论分析，金融机构的信贷业务特点、借款者的机会主义行为、高昂的信息搜寻成本、借款者的有限理性行为和信息传递渠道不畅决定了信贷市场具有信息不完全的特点，信息不对称是引起农村金融市场金融排斥的一个主要原因。中国农村地区多处在边远地区，交通、通信等设施相对落后，作为农村金融机构的主要贷款对象，农户数目众多，居住分散，生产活动受气候季节的影响，农业收入具有极大的不确定性，加之中国农户个人信息征集制度缺位，农村金融机构获得农户财务、信用信息的交易成本较高。另一方面，中国农业银行从 20 世纪 90 年代中期开始市场化改革，撤销县及以下营业网点，走商业化经营的道路，支农贷款逐渐大幅萎缩，贷款转向工商部门。中国现行的农村信贷市场准入管制强化了农村信用社在农村信贷市场的垄断地位。因此，农村信用社的市场化经营趋向决定了农村金融机构的市场化趋向。农村金融机构的市场化改革使金融机构具备经济人的理性假设，农村金融机构在权衡风险和收益后能够自主决定信贷资金的使用。因此，对于高风险低收益的农村而言，农村金融机构为了降低成本，规避道德风险和逆向选择，主动将农业、农村和农户排斥在金融服务之外。

第三章　中国农村金融体制改革评析

现代经济发展离不开金融体系的支持，作为经济体系有机组成部分的农村经济，其发展与增长同样离不开金融的支持，农村金融扎根于农村经济并为农村经济服务，其合理发展对促进农村经济的作用不言而喻。回顾中国三十年来的金融体制改革历程，我们不难发现，相对市场化、自由化和开放性同步推进，金融体系日益完善的城市金融，农村金融改革却进展缓慢。从改革的实践来看，在内生性金融制度的安排下，农村金融制度安排明显“水土不服”，金融资源配置向城市倾斜，农村金融资源大量外流，导致广大农村地区金融资源严重短缺。周振等的研究表明，1978—2012 年间，通过财政、金融机构以及工农产品价格剪刀差的方式，农村地区向城市地区大约净流入资金 26.66 万亿元(以 2012 年价格计算)。[1] 农村信用社作为农村金融市场上的主力军，虽自 1995 年行社分家以来就保持着年均 69.9%的存贷比，但 1979—2006 年仍有大约 9 538 亿元的资金通过农村信用社流出农村领域。农业资金脱离农业，农村金融机构撤离农村，国民经济的基础部门——农业部门成了金融机构首要排

[1] 数据来源：周振，伍振军，孔祥智．改革开放以来中国农村资金净流出的规模与趋势研究[J]．管理世界，2015，(1)：5-8.

斥对象。

农村金融体制改革成果不尽如人意，农村金融体系改革并没有适应农村经济转型对金融服务不断增长的需求，农村金融体系存在的问题首先是农村金融体系不完善（韩俊，2009）。金融体系不完善进一步带来金融排斥现象，引起了人们的高度关注。在农村金融体制改革过程中，如何让中国农村成为农村金融市场主体，缓解农村金融排斥，获得完善的金融服务和充分的金融支持成为中国金融改革问题的热点。从对农村金融体制改革文献梳理中发现，对于农村金融改革问题的研究基本上秉承了农村改革历史——回顾改革过程中的问题——改革路径探索的脉络，为了解我国农村金融改革提供了清晰明了的研究思路。在借鉴前人研究思路方法的基础上，本章将中国农村金融体制改革与农村金融排斥结合研究，通过梳理我国农村金融体制变革过程，准确定位我国农村金融排斥对象，为进一步分析我国农村金融排斥特点提供研究目标。

第一节　中国农村金融改革历程回顾

自改革开放以来，我国农村金融机构为了能够更有效地为农村经济发展服务，一直不断地进行适应农村经济特点的金融制度改革和创新，中国农村金融改革坚持从边际增量改革入手，进行局部试验推广，采用默许式激励微观主体制度创新，在农村金融改革过程中凝聚了中国传统智慧（王曙光，2008）。从过去 30 年的农村金融改革历程特点来看，大致可以分为四个阶段。

1. 农村金融机构的恢复和重构阶段（1979—1993）

基于土地承包责任制的农村改革，促进了农村经济发展，提高了农民的生产积极性，为了支持农村经济的发展，我国开始对农村金融进行改革，改革措施主要是恢复设立中国农业银行，这一阶段中国农业银行的经营特点是集政策性金融和商业性金融于一身，扮演着财政性拨款、商业性贷款和合作制金融组织管理的多重角色。将农村信用合作社重新定位为合作金融组织，这一阶段农村信用社仍然划归中国农业银行管理，农村基层信用社入股组建县联社，信用社与县联社为两级法人体制。组建邮政储蓄机构，1986 年，国务院批准邮政部门恢复办理储蓄业务，并在邮电系统内设置了邮政储汇局，对邮政储蓄、汇兑等多项金融业务进行管理。这一阶段邮政储蓄实行的是“只存不贷”的经营策略。整体来看，随着农村金融机构的逐渐恢复和重构，配合农村商品经济的快速发展，农村金融市场开始了多元化方向发展模式的探索。

2. 构建农村三元金融体系阶段(1994—1996)

1994 年成立了中国农业发展银行，担起了农副产品收购资金供应管理、扶贫贷款、农业综合开发、粮棉加工、农村小型基础设施建设和技术改造贷款等政策性金融职能。1996 年，国务院颁布了《关于农村金融体制改革的决定》，我国农村金融体系开始了一次新的制度创新，提出要在中国构建政策性金融、商业性金融、合作性金融相结合的三元农村金融体系，自此农信社脱离了农业银行，开始了合作制的改革。中国农业银行剥离了合作性金融业务，以工商企业为主要服务对象，开始快速向商业性金融发展。我国农村金融市场形成了合作性金融、商业性金融、政策性金融分工协作的三元农村金融体系。

3. 深化农村信用社改革阶段(1997—2006)

1997 年亚洲金融危机之后，为了确保金融市场稳定，国有商业银行纷纷收缩业务范围，农村商业性金融机构大规模撤并裁减乡村基层网点。农业发展银行开始专职发放粮食收购贷款，导致政策性金融体系的低效运作和职能单一。1999 年，国家全面清理了农村合作基金会，整顿农村金融秩序，非正规金融的发展受到严重的政策限制。农村金融市场形成了农村信用合作社一家独大的垄断局面。但是，农村信用合作社长期以来机制僵化且目标模式混乱，严重制约了农村金融的发展。为了破解农村金融发展困境，从 2003 年起，农村信用合作社 8 省市试点改革，2004 年全国展开，开始了以农村信用社改革为先导的第二轮金融体制改革，这一轮改革以信用社管理体制和产权制度改革为重点，目的是把信用社逐步办成由农民、农村工商户和各类经济组织入股，达到为“三农”服务的社区性地方金融机构。在这一阶段还提出了未来农村信用社改革应该遵循增加农村金融供给原则、改革模式多元化原则、维护县域农信社独立性原则、股份制社区银行目标原则、管理体制中行业管理与经营权分离的原则、农信社产权结构多元化原则、促进市场竞争和防止垄断原则、内部治理有效性原则(王曙光，2008)。

4. 农村金融创新阶段(2006—)

2006 年,国家调整放宽农村地区银行业金融机构准入政策,允许产业资本和民间资本到农村地区设立村镇银行、小额贷款公司,鼓励农民进行信用合作,组建农村资金互助社。其基本原则是:"按照商业可持续原则,适度调整和放宽农村地区银行业金融机构准入政策,降低准入门槛,强化监管约束,加大政策支持,促进农村地区形成投资多元、种类多样、覆盖全面、治理灵活、服务高效的银行业金融服务体系,以更好地改进和加强农村金融服务,支持社会主义新农村建设。"中国银监会统计数据显示,截至 2012 年 9 月末,全国已组建村镇银行、小额贷款公司和农村资金互助社等三类新型农村金融机构 858 家,其中村镇银行 799 家。截至 2012 年 6 月末,全国已开业村镇银行资产总额为 3 190 亿元,资本充足率达 28.6%;贷款余额 1 782 亿元,农户和小企业贷款余额分别为 600 亿元和 841 亿元;不良贷款率 0.2%,拨备覆盖率 860%。这些金融机构主要分布在农业占比高于全国平均水平的县域、中西部地区、金融机构网点覆盖率低的县域以及国定、省定贫困县和中小企业活跃县域,这些新型农村金融机构的进入,构建了一个多样化的农村金融主体竞争局面,促进了农村金融产品创新,提高了农村金融服务质量,降低了农村信贷成本,我国农村金融改革从存量改革跨越到增量改革的阶段。

从农村金融改革的四个阶段特点分析,农村金融改革采取的是一种渐进式的改革方式,其改革遵循了农村金融体制构建—农村金融业务拓展—农村金融创新的改革路径,每一阶段的改革都取得了一定的成效。农村金融机构的恢复和重构阶段为刚刚起步的农村改革注入了资金流,促进了农村经济的飞跃发展。构建农村三元金融体系阶段弥补了农村金融供给主体单一,业务范围狭窄的缺陷,明确了合作性金融、政策性金融及商业性金融的供给方式和供给目标,将财政拨款与商业贷款合理有效的配置到农村地区。深化农村信用社改革阶段在农村金融出现供给不足的情况下,及时对农村基础金融供给主体——农村信用社进行结构调整,从社会产权制度和管理体制两方面展开,以此提高农村金融资源的运行效率,满足农村经济的金融需求。农村金融创新阶段发展的新型农村金融体系,为打破农村信用社在农村金融市场的垄断,增强农村金融市场的竞争,建立普惠式农村金融体制提供了一个行之有效的方法。

第二节　中国农村金融改革特征

我国农村金融体系经过一系列的改革后，虽然在促进农村金融发展上取得了一定成效，但是，由于制度因素、经济因素、社会因素等多方面的影响，改革效果与预期目标仍然存在一定的差距，究其原因主要表现在：

一、农村金融改革体系变革方向模糊

中国农村金融体系改革中曾一度建立了一个合作金融、商业金融和政策金融并存的三元金融体系，后又逐步放宽了民间金融的准入政策，力图建立以正规金融为主体，非正规金融为补充的农村金融体系。但是在实践过程中，商业金融在追逐商业利益的诱使下，逐渐抛弃农村金融业务，金融网点、金融产品和金融服务均以城市为主体。政策性金融业务范围狭窄，服务体系僵化，以粮食收购贷款和支持农村基础建设为主要业务，虽然近期调整放宽了服务范围，但是政策性金融服务具有长效型特点，无法满足农村金融市场对于金融资源的短期需求，金融惠及面仍然无法直接触及农村基础面。因此中国农村金融体系改革的重点落在了合作金融上，但是，从以往农村信用社的表现上来看，合作金融在中国的发展并不理想，对于合作制金融改革方向就出现了众多取向，一种观点认为应以合作制为主导；另一种观点是商业化取向，甚至放弃合作制；还有一种折中观点，认为商业化和合作金融应共同发展。各种改革取向存在差异，关键在于对中国农村现实的经济判断上的差异。我国农业人口众多，农村经济发展水平不均衡，地区特点明显，这一特点决定了中国对于合作制金融的改革取向无法统一划归。首先从农户类型上来判断，“理性小农”和“道义小农”对于金融体系需求存在明显差异，“理性小农”以追逐经济利益为价值取向，更适合现代经济的金融体系，商业化的金融体系更适用。“道义小农”被确认为是生存取向的，不会冒险追求利润最大化，商业化金融体系和“道义小农”之间必然互相排斥，合作制的金融安排更为适应。但是，同样不能忽视的是在内外环境的影响下，“理性小农”和“道义小农”之间会互相转换，农村

金融体系的僵化必然导致供需不适。从农村经济发展水平上来判断,经济发达地区的农村,经济活动活跃,商业气息浓厚,农村社会更倾向于非农业生产,即使从事农业生产,一般也是从事的附加值较高的农产品生产或加工,对于这些地区而言,商业性的金融体系的市场化、灵活性更为适应。对于经济欠发达的农村,以高度分散的小农化经济为主,信息不对称,交易成本高,道德风险高等特点严重阻碍了商业性金融在农村地区的发展。而合作性金融基于根植于农村,网点分布广泛,了解农户信息的优点,可能更为适应经济落后地区的农村地区。虽然在理论判断上,能够清楚分辨出不同的经济差异,但是,在实践中,准确定位农村金融供给类型和农村金融需求特点难度很大,同时,农村金融体系改革会受到中央政府和地方政府政策取向的影响。这些都是导致我国农村金融体系改革方式模糊的根本原因。

二、政府失灵和市场失灵并存

悉数我国农村金融历次制度变迁,每次变迁均是政府强制性的制度供给,微观主体的诱导性制度需求基本没有体现。这种由上而下的强制性制度变迁,虽有利于降低制度变迁的时间成本和摩擦成本(林毅夫,1994),但是导致强制性制度变迁目标脱离农村经济组织的实际需求,扼杀了农村经济主体自发行为的能动性,导致了农村金融主体的缺位,农村金融效率低下,农村金融增长与农业经济总量增长失衡。基于效率与公平的视角来分析,中国农村金融改革的价值取向仍然没有摆脱国家控制的影子,国家控制农村金融市场既有损于公平目标也不利于效率目标的实现(江群,2009)。从总体来看,我国农村金融主要表现出以下几个特点:①农村金融制度设计以“金融供给先行”为主导方向,在农村金融利率、农村金融市场准入和农村金融担保等方面无不渗透着政府政策指引的影子。②农村金融制度改革延续了城市金融改革的路径。③政府干预的农村金融供给体系和市场决定的农村金融需求体系严重错位。④农村金融的组织体系、产权模式、服务方式及监管政策等,体现着政府办金融的色彩,支农信贷政策不具有高效的机制,信贷结构调整滞后于农村经济结构调整。这些特点导致了由政府主导的强制性制度变迁不以实现制度效率为目标,而凸显政治性。以农村信用社的改革为例,在政府主导下,农村信用社进行了数次制度变迁。但是,结果表明,到20世纪末,53%的农村信用社仍处于亏损状态,商业可持续性难以实现。最新一轮的农村信用社改革中,一部分农村信用社改组为农村商业银行,从形式上来看,农村信用社改制成为农村商业银行只是正规银行部门的再一次扩大,新成立的农村商业银行并不愿意向中小型乡镇企业放款,靠改制或组建新的股份制银行并不能解决中小型乡镇企业的融资需求问题。其商业性目标与支农任务仍然捆绑在一起,多元目标冲突的问题未能得到彻底解决,一些改制后的农村商业银行适应了当地经济社会发展和加强自身建设增强竞争力的要求,但还存在产权结构与法人治理结构欠规范等问题。这种强制性的、自上而下的制度变迁导致了严重的政策失灵。

对于农村经济而言,我国农村经济具有规模小、分散化、地区差异化大、产业化程度低等特点,不仅面临着自然风险,也面临着经济风险,从而导致了农业生产具有较高的风险性。同时,我国农村生产规模小,缺乏产业化生产条件,导致农村生产效率不高,农村资本积累能力不强。农民生产资金需求以小规模信贷为主,消费型信贷多于生产型信贷。对于具有如此特征的农村金融需求主体,金融机构出于风险规避,成本收益原则考虑,势必将农村经济组织排斥在外。设计农村金融供给主体的主要目的就是支持农村经济发展,但是在经济利益的驱使下,农村金融供给主体并不能提供满足农村金融需求主体的产品,导致了严重的市场失灵。

三、重视存量改革,忽视增量改革

从中国农村金融改革效果上分析,在1979—2005年的数十年间,我国农村金融改革举步维艰收效甚微的一个关键原因是改革目标更集中定位于存量改革,而忽视了增量成长。具体而言,从1979年农村金融改革开始,我们的改革视角从来没有偏离过农村信用社,首先将农村信用社从中国农业银行剥离,预期将其改制成为真正具有合作性质的农村金融,但效果却差强人意。2003年开始对农村信用社进行二轮改制,预期从体制上改变农村信用社,建立合作金融组织。结果是农村信用社又开始向两个方向发展,一种直接改制为农村商业银行,一种继续维持合作性质,从改革取向上来看,仅是对原有农村金融三元格局的进一步补充，表现出明显的路径依赖性。事实上，在农村经济发展过程中，非正规金融发挥着重要作用，何广文等(1999)的调查发现，农户贷款中来自民间借贷的比重高于75%；温铁军(1999)对东、中、西部15省份的调查发现，我国农村民间借贷盛行，东中西部民间借贷的发生率高达95%，农户贷款中来自民间借贷的比重高于75%，农民来自非正规金融市场的贷款大约为来自正规金融市场的4倍；陈锡文(2004)的研究认为，中国2.4亿农户家庭中，只有15%左右从正规金融机构获得贷款，85%左右的农户通过民间借贷解决资金短缺问题。刘玲玲等(2007)对中部八省的调查发现，67%的农户选择民间金融进行融资；钱水土(2008)对温州地区农户的调查发现，约有75%的农户使用民间借贷。非正规金融相对于正规金融而言，具有贷款人信息透明、交易手续简便、便于监督等优势，并且非正规金融源自农村微观经济主体的自发性制度创新，更符合农村经济发展需要。然而，在中国农村金融改革过程中，非正规金融的发展却长期受到忽视，甚至受到政府政策的打压，增量成长的力量在农村金融改革中并未能得到发挥。农村金融的增量成长有助于促进金融市场向多元化发展，改善农村金融市场的竞争生态。

我国农村金融存在供给型和需求型双重金融抑制，一方面表现为农村金融资源供给不足，另一方面又表现为农村金融有效需求不足。在我国农村金融改革的过程中，过度关注了供给型金融抑制，从而使农村金融改革偏重于对存量改革，忽略了需求型金融抑制，压制了增量改革动力，历史经验证明，在农村金融存量改革效果欠佳或存量改革力量释放殆尽之际，应该渐进扶持增量改革，发挥边际增量改革的力量。

四、新型农村金融存在制度缺陷

为了进一步完善中国农村金融体系，中国政府提出了建立合作性金融、商业性金融和政策性金融相结合，适度发展小额信贷、微型金融，放宽农村金融市场准入政策，优化农村金融发展环境的政策建议(韩俊，2009)，进行农村金融创新。中国农村金融创新主要是从两个层面展开的，一是农村金融组织创新，根据农村金融需求的特点，建立了适合农村需求特征的金融组织，如小额贷款公司、村镇银行、农村资金互助社等。二是农村金融产品创新，比如小额贷款的推广。新型农村金融经过试点和推广，已经获得了较快的发展，但由于试点的时间较短、数量少、范围窄，加之农村金融发展环境的复杂性，新型农村金融机构对于缓解农村金融问题的作用仍然非常有限。如在小额贷款公司试点过程中，小额贷款公司的后续资金问题成为制约其发展的瓶颈，小额贷款公司的资金来源主要是自有资金。从目前的经营状况来看，小额贷款公司多数出现了自有资金不足的情况。小额贷款公司希望通过提请人民银行协调银监会同意其进行委托资金发放，缓解资金不足的问题，但是，由于在小额贷款公司成立之初是由人民银行倡导成立的，人民银行已经不是金融机构准入方面的监管机构，直到 2008 年 5 月，中国人民银行业监督管理委员会与中国人民银行联合发布了《关于小额贷款公司试点的指导意见》，小额贷款公司才得到了银监会的认可，银监会对于小额贷款公司一直保持中立态度，在一定程度上影响了小额贷款公司后续资金的获得。小额贷款公司在制度设计之初是比照农村信用社改革的政策，享受税收等方面的优惠政策，但地方税务部门没有这个权限，所以对小额贷款公司的扶持政策至今无法落实到位。小额贷款公司的信贷产品和市场发展等方面都是简单地复制了商业银行的模式，在贷款对象上，小额贷款公司也并没有能够完全按照国际小额贷款服务于贫困人群的模式加以应用。村镇银行的发展也面临着许多问题，从村镇银行地区分布状况来看（表 3-1），全国村镇银行地区分布中，东部地区 11 个省（直辖市）设立 66 家，占总数的 38.4%。中部地区 8 省共设立 46 家，约占总数的 26.7%，西部 12 个省（自治区、直辖市）共设立 60 家，约占总数的 34.9%。总体来看，中西部地区的数量要少于东部地区[1]。从第一家惠民村镇银行的经营情况来看，呈现诸多问题的关键在于，目前的村镇银行在具体经营管理模式上和金融产品的供给上与农村信用社等金融机构并无明显的区别和创新。由于村镇银行本身资产实力弱，现有农村金融机构占据了大部分金融市场，村镇银行相对农村信用社而言明显实力不济。农村资金互助社以社员为本，管理监督费用信息费用都很少，能够适应农户分散多样的融资需求，但是也同样面临着资金来源的

[1] 数据来源：王修华，贺小金，何婧．村镇银行发展的制度约束及优化设计[J]．农村经济问题，2010，(8)：57-62.

制约。在社会认知上、目标定位上、主发起人资格限制和管理方式选择上、可持续发展方面、经营环境上、经营风险分散机制上、存款人利益保护上、支持政策方面、监管保障上还存在诸多困惑和问题。

表 3-1　2010 年东中西部地区村镇银行地区分布情况

地区	省(自治区、直辖市)	机构数	地区	省(自治区、直辖市)	机构数	地区	省(自治区、直辖市)	机构数
中部	黑龙江	5	西部	内蒙古	9	东部	北京	3
	山西	2		广西	6		天津	2
	河南	9		重庆	7		河北	1
	安徽	6		云南	5		山东	3
	湖北	7		四川	12		江苏	11
	湖南	5		贵州	4		浙江	15
	江西	5		陕西	3		上海	4
	吉林	7		甘肃	8		福建	2
				新疆	2		海南	0
				宁夏	3		辽宁	22
				青海	1		广东	3
				西藏	0			
合计		46			60			66

从中国农村金融改革的特征来看，农村金融改革中还存在诸多影响改革效率的障碍，因此，在推进新一轮农村金融改革过程中，要结合农村普惠金融的特点，探讨中国农村建立普惠金融制度的必要性和可能性，政府、金融机构、社会组织等各方面应通力合作，共同促进普惠制农村金融体系的建立(李明贤，2009)。在扩大农村金融服务的覆盖面的同时，要兼顾公平与效率，这是对当前金融配置状态的一种帕累托改进，改革的关键是确立市场化改革思路，选择最优的农村金融结构，切实提高农村产业和企业的自生能力，构建农村融资的长效保障机制(江群，2009)，解决农村经济主体的融资困难，促进农村经济发展和农民增收。

第三节　中国农村金融排斥的表现形式及影响

我国农村金融的阶段性改革，促进了农村金融的发展，为我国开展“三农”事业提供了资金支持。但是，在改革过程中出现的诸如变革方向模糊、政府失灵和市场失灵并存、重存量改革轻增量改革、新型农村金融存在制度缺陷等问题势必会削弱农村金融改革效果，影响农村金融对“三农”事业发展的贡献。农村金融改革过程中产生的各种问题中，金融排斥现象引起了人们的高度关注，由于“三农”经济主体的高风险、低收益、交易成本高等特点，导致农村金融机构在市场目标地位和金融资源分配过程中，将农业、农村、农民（农民工）排斥在外，“三农”经济主体的金融诉求难以得到满足。

一、农业发展过程中的金融排斥

在20世纪50年代我国确定以工业化建设作为国家目标之后，为了获得工业化最稀缺的要素——资金，国家对金融业采用了完全垄断的方式，控制由乡村到城市的所有金融机构网点，动员大量资金进行国家工业化建设。在这一阶段，农业更多的是为工业发展提供物质支持、资金支持。由于国家宏观政策的安排，导致了金融部门的资金大量流入工业部门，农业部门从形式上看受到了严重的金融排斥，但是结合当时中国的发展状况，农业部门对这种金融排斥表现为一种主动接受，并没有认为这是一种发展过程中的不均衡，仅是一种制度性的安排。农业发展过程中的金融排斥更为严重的时期是自改革开放以来，金融控制的方式发生了转变，中央政府以组建国有独资专业银行和拆分中国人民银行为主要标志，建立了一个以工农中建四大国有银行为主体，以行政区划为网点分布原则的金融部门。我国的金融部门逐渐向商业性经营方向改制，以追逐经济利益为目标。但是，农业投资的长期性、高风险和低盈利性与商业资金追求安全性、流动性和盈利性的要求相悖，农业信贷除面临市场风险外，还必须面临由于独特的自然依赖性强的产业特征而带来的自然风险。农业生产的特殊特征导致其与工业对比，在吸引资金支持上处于弱势地位，从贷款比重上来看，1979—2012年间，工业中长期贷款比重一直高于农业中长期贷款比重，工业中长期贷款比重平均占到中长期总贷款额的24%，而农业中长期贷款比重平均占到中长期总贷款额的8%。而且从贷款增长速度上来看，1980—1996年间，工业中长期贷款增长速度除个别年份外均高于农业中长期贷款增长速度，直到1997年开始农业中长期贷款增长速度才有所提高，超过了工业中长期贷款增长速度，但是到2006年开始又有所下降(表3-2)。金融资金的倾斜流动导致了农业经济发展受到严重的资金制约，农业部门始终处于受排斥的境况。

表3-2 工农业中长期贷款情况

年份	贷款总额/亿元	工业贷款/亿元	农业贷款/亿元	工业贷款增长率	农业贷款增长率	工业贷款比重	农业贷款比重
1979	2 039.63	363.09	129.76	0.00	0.00	0.18	0.06
1980	2 414.30	431.58	168.00	0.19	0.29	0.18	0.07
1981	2 764.67	487.35	182.33	0.13	0.09	0.18	0.07
1982	3 052.27	526.72	205.02	0.08	0.12	0.17	0.07
1983	3 431.05	597.09	224.48	0.13	0.09	0.17	0.07
1984	4 419.57	884.09	361.35	0.48	0.61	0.20	0.08
1985	5 365.84	1 165.08	411.92	0.32	0.14	0.22	0.08
1986	7 590.40	1 649.85	570.37	0.42	0.38	0.22	0.08
1987	9 032.35	2 043.61	685.83	0.24	0.20	0.23	0.08
1988	10 551.33	2 085.09	814.21	0.02	0.19	0.20	0.08
1989	12 409.27	2 724.63	895.05	0.31	0.10	0.22	0.07
1990	15 166.36	3 559.43	1 038.08	0.31	0.16	0.23	0.07
1991	18 043.95	4 235.76	1 209.48	0.19	0.17	0.23	0.07
1992	21 615.53	4 956.05	1 448.72	0.17	0.20	0.23	0.07
1993	26 461.14	6 047.34	1 720.23	0.22	0.19	0.23	0.07
1994	31 602.90	7 209.20	1 554.10	0.19	−0.10	0.23	0.05
1995	39 393.40	8 789.30	1 921.60	0.22	0.24	0.22	0.05
1996	40 210.00	14 213.30	1 919.10	0.62	0.00	0.35	0.05
1997	55 418.30	16 526.60	3 314.60	0.16	0.73	0.30	0.06
1998	60 613.20	17 821.50	4 444.20	0.08	0.34	0.29	0.07
1999	63 887.60	17 948.90	4 792.40	0.01	0.08	0.28	0.08

续表 3-2

年份	贷款总额/亿元	工业贷款/亿元	农业贷款/亿元	工业贷款增长率	农业贷款增长率	工业贷款比重	农业贷款比重
2000	65 748.10	17 019.30	4 889.00	－0.05	0.02	0.26	0.07
2001	67 327.20	18 636.70	5 711.50	0.10	0.17	0.28	0.08
2002	74 247.90	20 190.50	6 884.60	0.08	0.21	0.27	0.09
2003	83 661.20	22 756.00	8 411.40	0.13	0.22	0.27	0.10
2004	86 840.60	23 896.60	9 843.10	0.05	0.17	0.28	0.11
2005	87 449.20	22 516.70	11 529.90	－0.06	0.17	0.26	0.13
2006	98 534.40	28 654.00	13 208.20	0.27	0.15	0.29	0.13
2007	114 477.90	33 627.50	15 428.20	0.17	0.17	0.29	0.13
2008	125 182.00	36 143.00	17 629.00	0.07	0.14	0.29	0.14
2009	399 684.82	46 143.00	21 162.53	0.28	0.20	0.16	0.05
2010	288 930.43	53 521.50	23 044.70	0.16	0.09	0.19	0.08
2011	323 806.52	60 900.00	24 436.00	0.14	0.06	0.19	0.08
2012	352 907.42	63 400.00	27 261.00	0.04	0.12	0.18	0.08

在农业发展过程中的金融排斥特点主要表现为：由于农业投资的长期性、高风险和低盈利性与商业资金追求安全性、流动性和盈利性的要求相悖，金融资源倾斜流向比较收益高的工商业生产部门，农业部门在获取金融资金支持上处于劣势地位，受到以追逐利益为目标的商业性金融机构的排斥。尤其是在中国国有银行进行改制后，行政手段对四大国有银行的干预能力减弱，国有银行逐渐摆脱了政策规定的限制，对于农业这样的弱势产业失去了扶持的动力，农业发展过程中的金融资源供给逐渐减少。

二、农村改革过程中的金融排斥

金融机构网点的布局一般遵循既能满足服务需求，又不出现竞争过度的原则，在此基础上实现经济社会效益的最大化。一般来说，金融网点设置选择主要从经济要素、金融要素、人口要素、地理要素、人文要素等方面综合考虑。经济要素要求农村金融网点设立必须从经济发展的客观需要出发，适应经济生活对金融服务的需求。金融要素要求农村金融网点设立要考虑当地的金融资源的总量及其发展潜力，能否满足金融机构生存和发展的要求。人口要素要求农村当地的人口密度、潜在客户等满足金融网点设立的基本需求。地理要素要求设置农村金融网点的地理位置能够满足客户方便性的同时又能保证网点自身的快速发展。人文要素要求在设立金融网点时要结合当地的社会信用环境、文化风俗等。

从我国农村经济要素分析，农业经济总量不高，传统农业生产为主，农民收入虽然保持连续增长，但增长的比例中以非农生产经营收入为主，农村经济活动不活跃。从金融要素分析，农业生产的小规模和季节性，促使金融需求也以小规模贷款和季节贷款为主。从人口要素分析，目前我国农村人口大量流出，妇女儿童和老人成了农村的主要居住者。从地理要素分析，农村大多分布在边远偏僻的地区。从人文要素分析，农村地区仍然保持着传统的生活习惯，比较重视社会信用的维持。但是，由于农村人口流动性的加大，农村传统习俗正经受着严峻的考验。从这五个方面的分析来看，金融机构在农村地区设立营业网点的弊大于利，并且随着金融机构的商业化改革，金融机构纷纷撤并了农村地区的金融网点，金融网点大规模缩减。数据显示，2007 年末，全国县域金融机构的网点数为 12.4 万个，比 2004 年减少 9 811 个。县域四家大型商业银行机构的网点数为 2.6 万个，比 2004 年减少 6 743 个；金融从业人员 43.8 万人，比 2004年减少 3.8 万人。其中农业银行县域金融机构网点数为 1.31 万个，比 2004 年减少 3 784 个，占县域金融机构网点数的比重为 10.6%，比 2004 年下降了 2 个百分点。与此同时，其他县域金融机构的网点也在减少。2007 年末，农村信用社县域网点数为 5.2 万个，分别比 2004 年、2005 年和 2006 年减少 9 087 个、4 351 个和 487 个。2004—2006 年，除四家大型商业银行以外的县域金融机构网点数年均下降 3.7%，其中经济发达的东部地区县域金融机构网点数年均下降 9.29%。农村地区出现了严重的“金融荒漠化”情况，由于金融机构对农村地区的排斥，导致农民接触金融机构难度增大，受排斥程度进一步提高。

农村改革过程中的金融排斥主要表现为：金融机构出于节约成本，提高效益的考虑，纷纷撤并县乡以下分支机构，排斥偏远贫困地区，部分偏远贫困地区没有金融服务网点，居住在偏远贫困地区的人们无法享受到金融机构提供的各种金融服务，偏远贫困地区由于受到地理因素及经济因素的限制，表现出明显的金融资源的可及性低的特征。

三、农民生产生活中的金融排斥

资金可得性对于农民生产生活至关重要，因为它关系到农民生产是否可以持续发展，农民是否可以调节季节性收入和持续性支出之间的消费波动。农民获得资金支持的渠道主要是正规金融和民间金融两种，从农民生产特征上来看，我国的农民生产一般以小规模农户家庭经营为基础。农民资金需求者通常有居住分散、收入低下、生产有明显季节性、单笔存贷款规模小、生产项目的自然风险和市场风险比较大、缺乏必要的担保与抵押品等特点，这些特征就决定了农民信贷服务的风险较大。农民生产特征决定了农村信贷的显现成本和隐性成本较高，就正规金融而言，对农民借贷不是有利可图的。信息不对称问题又加剧了农村信贷市场上的风险，农村信贷市场的信息不对称问题远比城市普遍和严重，正规金融部门很难准确把握分散的借贷农民是否是按照借款合同中写明的目的申请贷款和使用贷款。正规金融部门往往不容易辨别农民贷款的风险程度，因此，正规金融部门对于农民借贷往往设立较高的门槛，在利率和借款金额上进行限制，造成严重的信贷配给。比如要求农民借贷过程中提供抵押物，农村可用来抵押的物品主要是农村的土地、房屋、劳动力以及农机具等，但是这些抵押物对于正规金融部门而言并没有足够的吸引力，并且农户的抵押物的执行成本很高，有的甚至不可以执行(如劳动力以及没有完全产权的土地)。从某种意义上来说，农民手中并没有可以满足商业金融机构要求的抵押物，而且我国的农民也并未建立起有效的信用机制。另外，我国农民借贷更主要的目的是进行生活性支出，这就意味着缺失还款的保障，软硬条件的缺失必然导致农户在金融借贷过程中处于弱势地位，受到正规金融部门的排斥。

农民解决资金缺口的另一个渠道是民间金融，民间金融多数植根于农村内部，放贷人与借贷人处于同一个地域，彼此之间存在较多的社会联系，他们比正规金融更容易获得借贷人的信息，而且更方便监督借贷人的经营情况，也能更为及时有效地收回借款，借款人也会考虑违约的社会压力而及时还款。

民间金融也更愿意接受农民的抵押物，通常情况下，民间金融的放贷人对抵押物的要求灵活得多，即使在缺乏抵押物的条件下，民间金融的放贷人也能很好地控制风险，他们与借贷人之间不仅存在借贷关系，还有可能存在生产关系、贸易关系，这些经济关系都可以用来弥补借贷关系破裂的损失。但是，民间金融也存在一些不足，他们往往不能提供长期贷款，还存在金额较小、利率较高、可获得性不强的弱点，另外，民间金融虽然不排斥农民，但是他们的借贷也是有选择性的，更倾向于农民中的中高收入层，排斥低收入层和贫困层。

农民生产生活中的金融排斥主要表现为：农民的生产规模、生产特点及生产能力影响了农民的经济能力，进而影响到了农民获得金融资金支持的能力。在农民生产生活资金短缺时，正规金融机构出于规避风险的考虑不愿意贷款给农民，或者即使农民获得金融资金支持，也要比其他人支付更高的成本，与城市居民相比，表现出一种明显的金融权益的不对等，受到严重的金融排斥，这种农民生产生活上受到的金融排斥现象更容易观察到，也更为普遍。而且，不论是正规金融机构还是非正规金融机构都更倾向于支持较富裕的农民，排斥较贫困或生产能力较弱的农民。

四、农民工创业过程中的金融排斥

改革开放不仅带来了我国经济发展形势的改变，也改变了一部分农民群体的生产生活方式，这部分群体就是农民工。改革开放初期，农民外出务工还是一种兼业性质，多数会在农闲期间外出务工，并没有放弃农业生产，他们也并不向往留在务工地生活，务工收入一部分用于家庭生活，一部分用于农业生产投入。改革初期的农民工属性仍然没有脱离农民群体。但是，随着这部分农民工逐渐迈向老龄化，新生代农民工已经成为务工的主力军，新生代农民工属性完全不同于上一代农民工，外出务工已经成为他们的职业，他们不愿意也不懂如何进行农业生产，他们向往城市生活，这就决定了新生代农民工更倾向于留在城市里生活，这样就产生了农民工城市融入问题。一些具有一技之长或有经商能力的农民工开始在城市中创业，在创业过程中，资金问题是制约新生代农民工创业是否成功的关键因素之一。

但是对金融部门而言，向新生代农民工提供创业资金支持面临着不同于农民群体也不同于城市居民群体的问题。首先新生代农民工从劳动属性上判断已经不是农民，他们不从事农业生产，也就不是农村政策性金融服务对象，享受不到一些针对农民群体的信贷优惠政策。其次，新生代农民工受到知识水平、劳动技能、资金支持等方面的限制，选择的创业途径多数集中于服务业，诸如餐饮、零售等行业，这些行业竞争激烈、盈利不高，从商业金融机构角度判断，新生代农民工选择的创业途径风险高；新生代农民工来自不同的地域，在城市之间或城市内部的流动性大，不稳定因素多，信息不对称更为严重；新生代农民工没有抵押品，甚至类似于农村的土地使用权、房屋等也难以提供。对金融机构而言，新生代农民工更是一个高危群体，其金融排斥程度要比农民群体还要高。再次，新生代农民工也不属于城市居民，这根源于我国的户籍制度，这一制度限制了农民工城市融入的步伐，没有城市户籍，也就无法享受到城市居民的相应待遇，对于从商业利益出发的金融机构，也就不可能将其视为城市居民群体对待。

从一项关于农民工创业的调查中获知：农民工创业资金首先来源于务工收入积累，在积蓄不够时，选择向亲戚朋友借款，仍然不能满足需要时他们会考虑向民间金融借贷，很少人会考虑向正规金融部门借贷。农民工自己不愿意向金融机构借贷，金融部门也不愿意向农民工提供贷款，自我主动的金融排斥和金融机构的排斥成为新生代农民工创业中资金获得的主要障碍，没有足够的资金支持，必然会加大创业风险，这又无形中扩大了信贷资金的风险性，成为一个恶性循环，削弱了农民工创业的成功率，也阻碍了农民工城市融入的进程。

农民工创业过程中的金融排斥表现为：农民工在创业过程中受知识水平、劳动技能及创业行业发展等多方面因素的影响，一直未受到金融机构的青睐，金融机构的贷款门槛较高，对于初始创业的农民工而言，根本达不到金融机构的申请贷款要求，首先就受到了金融排斥中的条件排斥。而且中国特殊的户籍制度又进一步给农民工创业的金融支持设置了一道政策障碍，使农民工在创业过程中表现为一种非距离因素的地理排斥。

第四节　本章小结

本章主要通过梳理中国农村金融体制的变革路径，依据中国农村金融改革的特点，将中国农村改革划分为四个阶段，第一阶段是农村金融机构的恢复和重构阶段（1979—1993），第二阶段是构建农村三元金融体系阶段（1994—1996），第三阶段是深化农村信用社改革阶段（1997—2006），第四阶段是农村金融创新阶段（2006—）。通过四个阶段的改革，中国农村金融体系不断完善，支农力度逐渐加强。但是，在中国农村金融体系改革过程中仍然存在诸多问题，影响了农村金融体系改革的效果，主要表现为农村金融改革体系变革方向模糊、政府失灵和市场失灵并存、重视存量改革忽视增量改革等矛盾相互交织在一起，导致中国农村金融改革的效果大打折扣，这些矛盾突出表现为中国的“三农”事业受到严重的金融排斥。在农业发展过程中，金融资源倾斜流入高收益的工商业生产部门，农业发展资金严重缺乏；在农村改革过程中，金融机构纷纷撤并县乡以下分支机构，导致农村地区出现“金融荒漠化”，农村地区的金融可及性受到严重影响；在农民生产生活中，信贷资源短缺、信贷成本高等因素降低了农民进行农业生产的积极性，农民贷款难问题迟迟得不到缓解；在农民工创业过程中，资金不足严重影响着农民工的创业动力，中国农民工这一庞大群体完全有可能发展成为一个充满活力的市场主体，但是金融机构并不重视这一群体的金融需求，将农民工排斥在金融机构门外，导致农民工创业过程中困难重重。

第四章　农业经济增长过程中的金融排斥分析

中国每年创造的国民生产总值中，农业部门都占有一定的比例，中国十几亿人口的衣食之源也来自于农业生产，尽管中国是一个发展迅速的发展中国家，但是农业在今后的发展过程中仍然占有重要的地位，农业作为国民经济的基础部门，其地位不容忽视(蔡昉，1992)。在农业经济发展的过程中，不论是发达国家还是发展中国家，都会通过专门的金融机构加强对农业的投入，金融资金的支持成为农业经济增长的重要因素。但是，在中国金融发展过程中，金融机构对农业部门的支持并不尽如人意，金融发展过程中的二元性特征导致金融部门在市场定位中，逐步定位于经济发达地区和中心城市，“重工业、轻农业”、“重城市、轻农村”、“重东部沿海地区、轻中西部地区”，金融机构按照经济利益最大化提供服务，普遍将农业作为经济效益低的行业进行评估，农业成为金融发展过程中受到金融排斥的主要对象，甚至以服务于“三农”为主旨的农村金融供给主体在提供金融服务时也存在“弃农”现象，如支农资金被分流，农业贷款资源被错配等，一系列农村金融的“脱农变异”明显弱化了金融对农业经济的支持力度。鉴于此，本章将在探讨农村金融发展与农业经济增长关系的基础上，描述中国农村金融发展的差异性，并测算农业经济受金融排斥程度。

第一节　农村金融发展与农业经济增长的关系研究

金融发展与经济增长之间的关系一直受到理论界的高度关注，随着现代金融理论的发展，逐渐形成了三种主要的结论：一是以格林伍德、约万诺维奇、史密斯以及列文为代表，提出经济增长及政府行为对金融发展产生作用，经济增长及政府行为促进了金融发展；二是以马尔科·帕加诺等为代表，认为金融发展对经济增长产生作用，金融发展推动了经济增长；三是以美国耶鲁大学著名经济学家帕特里克为代表，提出了“需求跟随论”和“供给领导论”，并推测在经济发展初期，金融发展导致实际产出的增长，当经济趋于成熟时，经济的发展反过来拉动金融发展，他的结论在许多经济发达国家得到了验证。不难看出，上述三种主流思想都一致认为金融发展与经济增长存在着密切的关系，主要区别在于因果关系的不同。尤其是帕特里克对经济发展的不同阶段，金融发展与产出的关系进行描述，为判断二者的因果关系提供了很好的理论借鉴。

反观我国金融理论的发展历程，基本上是沿袭了西方金融理论发展的路径，再结合我国金融改革发展过程中存在的问题展开一系列的研究，并取得了丰富的研究成果。结合本章研究的内容，当前国内相关研究主要集中在两个方面：一是农村金融发展与农业发展之间的关系，这又可以进一步细化为两个方向：一个方向是农村金融与农业经济增长的关系，另一个方向是农村金融发展与农民收入变化之间的关系；二是金融发展的差异对农业发展的影响。在关于农村金融与农业经济增长的关系研究中，其中曹协和(2008)从一个综合的视角来考察二者的关系，从长期动态分析中发现，农村金融发展有利于农业经济的增长且乡镇企业贷款有助于农业经济整体水平的提高，并提出了要注重农村非农行业的金融服务。韩正清(2009)发现农村经济货币化与农村经济增长之间存在双边的正向相关性，农村正规金融贷款与农村经济增长之间存在双边的负向相关性。两位学者均验证了农村金融在农业发展中的重要作用。在关于农村金融发展与农民收入变化之间的关系研究中，其中温涛等(2005)的研究显示中国金融发展对农民收入增长具有显著的负效应，用金融发展与经济增长的正向作用关系直接替代金融发展与农民收入增长的关系，与我国经济发展的事实并不相符。该研究隐含着金融发展与农民收入增长的关系有待进一步确证的推论。刘忠群（2008）为了推论二者的关系，利用1978—2006年的省级面板数据，检验中国金融发展对农民收入增长的影响，结果显示金融发展对农民收入增长具有显著的正向影响，但金融中介的低效率阻碍了金融发展对农民收入促进作用的进一步提升。在关于金融发展差异的研究中，其中范祚军（2008）从金融角度考察区域差距的成因，分析了金融要素在地区经济增长中发挥的重要作用，并得出金融在地区经济增长中的贡献弹性差异较大的结论，进而提出通过构建区域框架下科学有效的金融资源配置体系，推进区域经济协调发展。该文主要是对地区间金融发展差异进行了分析，仅仅反映了金融发展差异的一个方面，但是在分析过程中测算了地区资本形成与金融信贷贡献的差异，是一个很有意义的研究。李敬（2008）运用基尼系数、Theil指标和对数离差均值对1978—2004年中国金融发展的省际差异、东中西部金融发展差异和城乡金融发展差异进行全面度量，得出中国区域金融发展差异主要是城乡差异，处于第二位的是东部地区内部金融发展差异，然后是省际金融发展差异。该研究对我国金融发展差异进行了整体描述，对差异程度进行了排序，为解决金融发展差异提供了理论和实践支持。姚耀军（2005）引用了金融扭曲度来衡量金融发展的城乡二元性，把中国城市和农村地区类比于两个部门，得出中国金融扭曲度在1991—2002年间平均约为8.2，明显大于最优值1，其在对金融发展差异衡量方法上有所创新。

上述研究涉及我国农村金融与农业发展的方方面面，取得了较为丰硕的研究成果，这也为本章研究的进一步开展提供了经验和方法上的借鉴，但已有研究显著不足之处在于研究比较零散，只是基于其中某一个方面进行研究，研究视角和切入点集中于农村金融与农业发展的关系验证和农村金融改革。而本章研究的突出特征就是从金融排斥这一视角出发，来探讨金融发展对农业经济增长的影响。本章的逻辑思路如下：首先，利用协整检验建立农业投入增长与农业经济增长的多元回归模型，验证农村金融对农业经济增长的贡献；然后，采用泰勒指数测算我国农村金融发展的区域差异；最后，运用金融扭曲度指标计算农业经济受到的金融排斥程度。

第二节　农村金融发展与农业经济增长的经验模型构建及实证检验

一、模型构建

本研究旨在考察农村金融对农业的排斥情况，首先要明确农村金融在农业经济发展过程中的作用，在对二者关系的实证研究中，生产函数是一个被广泛使用的基本工具，本书引入一般形式生产函数。

$$Y_{(t)} = f(K_{(t)}, A_{(t)} L_{(t)}) \tag{1}$$

所涉及的变量包括农业产值、农村固定资产投入、农业贷款总额、财政支农总额、农业就业人员数[1]。农业产值作为农业经济的产出变量，原因在于农村社会发展表现在经济发展、社会发展、居民生活水平及环境发展等方面，而农业产值是一个能够良好刻画农村经济发展的指标。农村固定资产投资、农业贷款、财政支农、农业就业人员数作为农业经济的投入变量，原因在于任何经济社会的发展无外乎于人力、物力、财力及政治制度因素的影响，在农业经济中，农村固定资产投入作为反映农业经济中的物力因素投入影响，农业贷款作为反映农业经济的财力因素投入影响，并且在我国农业经济发展过程中，要保持农业经济增长关键的推动力来自于其背后的信贷配置体系和财政渠道支持。在我国转型期，金融体系间接地承担了农业经济转型的成本，成为“辅助财政”。财政支农既反映了农业经济的财力因素影响又可以反映政策制度因素的影响。农业就业人员数作为反映农业经济中的人力因素影响。因此，本研究的生产函数扩展为：

$$Y_{(t)} = f(G_{(t)}, F_{(t)}, E_{(t)}, A_{(t)}, L_{(t)}) \tag{2}$$

其中，Y 为农业产值，G 为农村固定资产投入，F 为农业贷款总额，E 为财政支农总额，A 为知识或劳动的有效性，L 为农业就业人员数[2]。

[1] 变量选取参考了温涛(2005)、刘忠群(2008)、曹协和(2008)、韩正清(2009)的相关研究。

[2] 由于 A(知识或劳动的有效性)在模型运算中被引入到残差项中，因此在书中并未做过多解释。

为了考察农业产值增长中各变量的作用，本书借鉴了埃伯默维茨(1956)和索洛(1957)提出的增长因素分析法对生产函数进行分解：

$$\dot{Y}_{(t)}=\frac{\partial Y_{(t)}}{\partial G_{(t)}}\dot{G}_{(t)}+\frac{\partial Y_{(t)}}{\partial F_{(t)}}\dot{F}_{(t)}+\frac{\partial Y_{(t)}}{\partial E_{(t)}}\dot{E}_{(t)}+\frac{\partial Y_{(t)}}{\partial L_{(t)}}\dot{L}_{(t)}+\frac{\partial Y_{(t)}}{\partial A_{(t)}}\dot{A}_{(t)} \tag{3}$$

$\frac{\partial Y_{(t)}}{\partial L_{(t)}}$与$\frac{\partial Y_{(t)}}{\partial A_{(t)}}$分别表示$\left[\frac{\partial Y_{(t)}}{\partial L_{(t)}}\right]A$ 与$\left[\frac{\partial Y_{(t)}}{\partial A_{(t)}}\right]L$。

(3)式两边同时除 $Y_{(t)}$ 并且改写右边的项则可得到：

$$\begin{aligned}\frac{\dot{Y}_{(t)}}{Y_{(t)}}&=\frac{G_{(t)}}{Y_{(t)}}\frac{\partial Y_{(t)}}{\partial G_{(t)}}\frac{\dot{G}_{(t)}}{G_{(t)}}+\frac{F_{(t)}}{Y_{(t)}}\frac{\partial Y_{(t)}}{\partial F_{(t)}}\frac{\dot{F}_{(t)}}{F_{(t)}}+\frac{E_{(t)}}{Y_{(t)}}\frac{\partial Y_{(t)}}{\partial E_{(t)}}\frac{\dot{E}_{(t)}}{E_{(t)}}\\&\quad+\frac{L_{(t)}}{Y_{(t)}}\frac{\partial Y_{(t)}}{\partial L_{(t)}}\frac{\dot{L}_{(t)}}{L_{(t)}}+\frac{A_{(t)}}{Y_{(t)}}\frac{\partial Y_{(t)}}{\partial A_{(t)}}\frac{\dot{A}_{(t)}}{A_{(t)}}\\&\equiv\alpha_G\frac{\dot{G}_{(t)}}{G_{(t)}}+\alpha_F\frac{\dot{F}_{(t)}}{F_{(t)}}+\alpha_E\frac{\dot{E}_{(t)}}{E_{(t)}}+\alpha_L\frac{\dot{L}_{(t)}}{L_{(t)}}+R_{(t)}\end{aligned} \tag{4}$$

其中，$R_{(t)}\equiv\frac{A_{(t)}}{Y_{(t)}}\frac{\partial Y_{(t)}}{\partial A_{(t)}}\frac{\dot{A}_{(t)}}{A_{(t)}}$

α_G 是在 t 时刻农业产值关于农村固定资产投入的弹性，α_F 是在 t 时刻农业产值关于农业贷款的弹性，α_E 是在 t 时刻农业产值关于财政支农的弹性，α_L 是在 t 时刻农业产值关于农业就业人员数的弹性。

基于上述综合分析，本研究设定回归方程为：

$$\begin{aligned}\ln Y_t&=\alpha_0+\alpha_1\ln G_t+\alpha_2\ln F_t+\alpha_3\ln E_t\\&\quad+\alpha_4\ln F_t\cdot\ln G_t+\alpha_5\ln L_t+\mu_t\end{aligned} \tag{5}$$

上述方程中我们引入 $\ln F_t\cdot\ln G_t$ 交叉乘积项，其中 α_4 表示农业贷款与农村固定资产投入之间的互动系数，交叉乘积项的引入不仅反映了农业贷款变量与农业经济变量之间的内在互动机制，而且有助于消除变量间的内生性问题。μ_t 表示残差项。

二、实证检验

(一)数据来源

本研究收集1980—2008年农业产值、农村固定资产投入、农业贷款、财政支农及农业就业人员数,其中农业产值数据来源于《新中国60年统计资料汇编》;农村固定资产投入1980—2005年数据来源于《中国农村统计年鉴》,包括农村集体单位固定资产投资和农村居民个人固定资产投资,2006—2008年数据来源于《中国统计年鉴》,包括农户固定资产投资和非农户固定资产投资;农业贷款数据来源于《中国统计年鉴》,其中1980—1985年包括农村社队借款和国营农业贷款,1986—1993年为农业贷款,1994—2008年包括农业贷款和乡镇企业贷款;农业就业人员数来源于《中国统计年鉴》。为了消除通货膨胀因素对指标的影响,本研究对(除农业就业人员数)相关变量进行了平减处理。

(二)单位根检验

如果一个时间序列的均值或是自协方差不随着时间而改变,那么这个时间序列就是平稳的;反之,则是非平稳的。对于非平稳的时间序列仍采用普通最小二乘法进行估计,则会导致虚假回归的现象,所以在回归前对各时间序列的稳定性进行检验,现在比较常用的方法是ADF检验方法。对所选变量进行单位根检验后发现,其均为非平稳序列,进行一阶差分后得到的结果见表4-1。

(三)协整关系检验

协整关系检验主要是检验协整回归方程的残差项是否存在单位根,如果这两个序列不是协整的,残差中一定存在单位根,这就是非协整性零假设;如果这两个序列是协整的,残差将是平稳的。

对回归方程(5)进行估计:

$$\ln Y_t = \alpha_0 + \alpha_1 \ln G_t + \alpha_2 \ln F_t + \alpha_3 \ln E_t + \alpha_4 \ln F_t \cdot \ln G_t + \alpha_5 \ln L_t + \mu_t$$

估计结果:

$$\ln Y_t = 0.982\,6 + 0.483\,7\ln G_t + 0.612\,5\ln F_t + 0.319\,4\ln E_t - 0.046\,8\ln F_t \cdot \ln G_t + 0.038\,6\ln L_t + \hat{\mu}_t$$

表 4-1 各时间序列的单位根检验结果

变量	ADF 值	检测类型(c t n)	AIC	是否平稳
$\triangledown \ln Y_t$	-2.923 3	(c 0 2)	-2.452 1	是**
$\triangledown \ln G_t$	-8.316 6	(c 0 1)	1.317 5	是
$\triangledown \ln F_t$	-4.493 1	(c 0 1)	-0.905 1	是
$\triangledown \ln E_t$	-5.118 0	(c 0 1)	-1.643 3	是
$\triangledown \ln L_t$	-3.186 5	(c 0 1)	-3.771 4	是*
$\triangledown \ln F_t \cdot \ln G_t$[1]	-6.852 5	(c 0 1)	6.007 5	是
显著性水平	1%	检验临界值	-3.699 9	
	5%		-2.976 3	
	10%		-2.627 4	

注:检测类型中 c 表示常数项,t 表示趋势,n 表示滞后项,0 表示没有相应项;* 表示在 5%的显著水平下的检测结果,* * 表示在 10%的显著水平下的检测结果。

对上述方程进行单位根检验,$\hat{\mu}_t$ 的 ADF 统计量为-2.954,P 值满足统计要求,系数表现平稳,表明自变量与因变量之间存在协整关系,$\hat{\mu}_t$ 为一阶协整向量。从估计结果中可以看出,回归方程的可决系数($R^2=0.99$)满足计量要求,模型的估计参数除了农业就业人员数都通过了显著性水平检验,因此模型能够很好地解释农村固定资产投入、农业贷款总额、财政支农总额的增加对农业经济增长的贡献。

(四)结果分析

因为本书侧重于农村金融发展的差异对农业经济增长的影响程度研究,因此以下重点分析农业贷款与农业经济增长的关系。从上述多元回归模型的计量分析中可以看出,目前我国农业经济增长中,相对于本书设定的其他因素而言,农业产值对农业贷款的弹性最大,每增加一单位的农业贷款会增加 0.61 单位的农业产值。根据生产函数的特性,一种投入要素对产出作用显著,一方面说明该要素是产出增长的重要来源,另一方面说明当前该种要素的投入远

[1] 当确定一个滞后分布的长度时,通常可以用 AIC 准则,选择变量的滞后阶数时,AIC 值越小越好。但是,在$\triangledown \ln G \cdot \ln F$ 项中,其 AIC 值较大,扩大滞后阶数后仍未缩小,如果滞后阶数太多,可能会损失自由度,所以本书仍采用滞后阶数 1,减少自由度损失。

未达到饱和状态。从目前我国农村金融的发展来看，当前农村金融对农业发展作用显著但其支持力度远远不够。通过 1980—2008 年农业贷款的增长率的变化趋势也可以进一步得到印证。这一期间，除 1984 年(增长率为 0.61)、1986 年(增长率为 0.38)、1997 年(增长率为 0.73)、1998 年(增长率为 0.34)，其余年份农业贷款增长率均值仅为 0.14，从相对量来看，农业贷款占全部贷款机构贷款的比重也呈下降趋势，相对于我国金融发展水平，金融对农业支持的力度明显不足。造成这一问题的重要原因就是在金融发展过程中，存在金融发展不平等、离农和排斥现象，这些问题应该引起人们的高度关注。因此，为了进一步考察农村金融发展对农业经济增长的影响，有必要对农村金融发展的差异程度展开具体说明。

第三节 农村金融发展差异描述

一、金融发展不平等指标

因为目前还没有一个确切的指标用来衡量金融发展不平等，所以本书借鉴了用来反映收入差距的指标来衡量金融发展差异[1]，利用差异化程度反映金融发展不平等现状。反映收入差距的指标目前常被应用的有三种：基尼系数、Theil-L 指数、Theil-T 指数，其中基尼系数是 Theil-L 指数的单调转化，基于对不平等指标的可分解性考虑，选取 Theil-T 指数作为最终指标应用。Theil-T 指数(GE)由泰勒于 1967 年利用信息理论中的熵概念来计算收入不平等而得名。其计算方法是：

$$\mathrm{GE}(y)=\frac{1}{N}\sum_{i\in N}\frac{y_i}{\mu}\ln\frac{y_i}{\mu}$$

其中，N 为集合观测数，y_i 为观测值，μ 为观测值的均值。

Theil-T 指数可以同时被分为组内差异和组间差异。首先假定集合 N 被分成 m 个组 $N_i(i=1,2,\cdots,m)$，每组相应的金融发展水平向量为 y_i，金融发

[1] 万广华(2008)指出：收入不平等指标的概念、原理和方法可用来度量和分解其他变量的不平等。

展水平均值为 μ_y，分组数量为 n_i，则其占总数量的份额 $v_i = n_i/n$。令 y^i 表示用 μ_i 替代 y_i 中每一分量所得到的新的金融发展水平向量，则有：

$$
\begin{aligned}
\boldsymbol{T}(y^i) = \boldsymbol{T}(y^1, y^2 \cdots, y^m) &= \frac{1}{n}\sum_{i=1}^{m}\sum_{i \in N_i}\frac{y_i}{\mu_y}\ln\frac{y_i}{\mu_y} \\
&= \sum_{i=1}^{m}\frac{n_i}{n}\frac{\mu_i}{\mu_y}\frac{1}{n_i}\sum_{i \in N_i}\ln\frac{y_i}{\mu_i} + \frac{1}{n}\sum_{i=1}^{m}\sum_{i \in N_i}\frac{\mu_i}{\mu_y}\ln\frac{\mu_i}{\mu_y} \\
&= \sum_{i=1}^{m} v_i \frac{\mu_i}{\mu_y}\boldsymbol{T}(y^i) + \sum_{i=1}^{m} v_i \frac{\mu_i}{\mu_y}\ln\frac{\mu_i}{\mu_y} \\
&= W + B
\end{aligned}
$$

其中，W 为金融发展组内差异，B 为金融发展组间差异。

二、金融发展差异测算及结果分析

从测算结果来看，我国 30 个省（自治区、直辖市）（不包括西藏、台湾、香港、澳门，下同）的金融发展水平逐步提高（图 4-1）。其中，第一阶段（1980—1996），整体金融发展水平高于农村金融发展水平；第二阶段（1997—2008），农村金融发展明显增速，这一阶段也正是我国农村金融改革逐步推进阶段。但是，从金融发展差异来看（图 4-2），整体金融发展差异和农村金融发展差异均

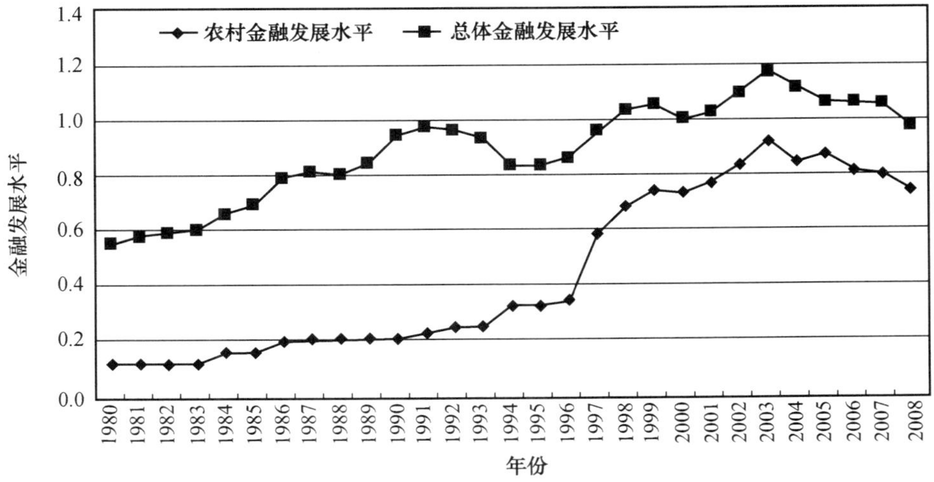

图 4-1 金融发展水平

呈现波动性上升趋势，并且农村金融发展差异明显高于整体金融发展差异。这可以判断出我国金融发展一直处于不平等发展的状况，农村金融发展不平等状况尤为突出。金融发展不平等的根本原因是由于我国金融体制开始向市场化改革，各个行业领域内的经济利益存在差异，金融体系的基本功能是为实质经济提供资金融通的便利服务，所服务的实质经济对象不同，金融体系的优劣、效率高低也相应不同。就农业与非农业部门比较而言，部门间经济效益的巨大差异，导致了金融资源严重的倾斜流动。金融资源部门之间的流动，一方面打破了部门之间的资金供求的静态平衡，另一方面也扩大了两部门之间的差距，从而产生了金融资源配给的马太效应，使金融资源向非农业部门流动趋势进一步加剧，金融部门排斥农业的情形愈加明显。

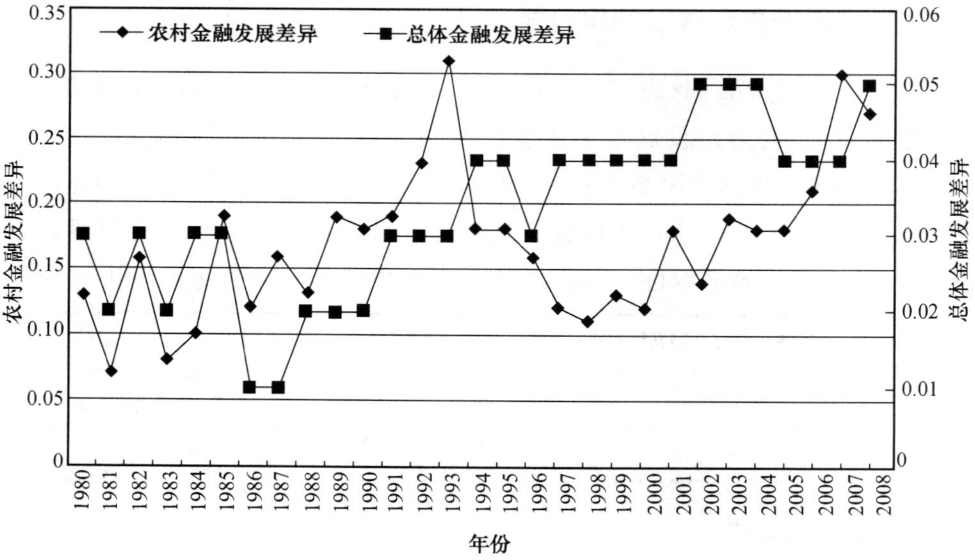

图 4-2　金融发展差异

为进一步描述区域农业发展水平对我国金融发展不均衡程度的影响，本书将 30 个省（自治区、直辖市）按照农业发展水平进行分类[1]。第一类：上海、

[1]　牛剑平，杨春利等（2010）利用经济实力、生产力、农民生活水平，构建了评价农村经济发展水平的综合指标体系，运用主成分和聚类分析相结合的方法，对我国 31 个省（自治区、直辖市）按照农业发展水平进行了分类，其分类结果和实际情况及专家定性判断结果近似。因此本书未重新进行分类，直接借鉴了其分类结果。

北京和浙江，为高水平地区。第二类：天津、江苏、广东和福建，为较高水平地区。第三类：河北、吉林、黑龙江、湖北、内蒙古、湖南、江西、辽宁、山东，为中等水平地区。第四类：广西、宁夏、四川、新疆、重庆、河南、海南、安徽、山西，为较低水平地区。第五类：陕西、云南、甘肃、青海、贵州，为最低地区。从测算结果来看（表 4-2），农业发展因素在金融发展总体差异中起到重要作用，贡献度在1980—1990 年间呈波动下降趋势，1990—2008 年间呈波动上升趋势，进一步说明农业在金融发展过程中扮演了一个被排斥的弱势产业角色[1]。

表 4-2　1980—2008 年金融发展水平及差异

年份	农村金融发展水平	总体金融发展水平	农村金融发展差异	总体金融发展差异①	农业发展标准组间差异②	比重（②/①）/%
1980	0.12	0.55	0.13	0.03	0.013 1	43.67
1981	0.12	0.58	0.07	0.02	0.003 1	15.50
1982	0.12	0.59	0.16	0.03	0.012 1	40.33
1983	0.12	0.60	0.08	0.02	0.004 4	22.00
1984	0.16	0.66	0.10	0.03	0.007 5	25.00
1985	0.16	0.69	0.19	0.03	0.009 1	30.33
1986	0.20	0.79	0.12	0.01	0.003 2	32.00
1987	0.21	0.81	0.16	0.01	0.001 9	19.00
1988	0.21	0.80	0.13	0.02	0.003 8	19.00
1989	0.21	0.84	0.19	0.02	0.001 7	8.50
1990	0.21	0.94	0.18	0.02	0.001 1	5.50
1991	0.23	0.97	0.19	0.03	0.001 8	6.00
1992	0.25	0.96	0.23	0.03	0.004 5	15.00
1993	0.25	0.93	0.31	0.03	0.004 9	16.33
1994	0.33	0.83	0.18	0.04	0.006 5	16.25
1995	0.33	0.83	0.18	0.04	0.008 3	20.75
1996	0.34	0.86	0.16	0.03	0.000 7	2.33
1997	0.58	0.95	0.12	0.04	0.004 9	12.25

[1] 万广华（2008）指出简单地将组间贡献归因于分组范畴变量而不控制其他变量，是值得商榷的。所以本书上述结论并不能作为判断农业金融排斥的主要指标，仅作辅助分析。

续表 4-2

年份	农村金融发展水平	总体金融发展水平	农村金融发展差异	总体金融发展差异①	农业发展标准组间差异②	比重（②/①）/%
1998	0.68	1.03	0.11	0.04	0.008 5	21.25
1999	0.74	1.05	0.13	0.04	0.008 4	21.00
2000	0.73	1.00	0.12	0.04	0.012 6	31.50
2001	0.77	1.02	0.18	0.04	0.013 4	33.50
2002	0.83	1.09	0.14	0.05	0.020 6	41.20
2003	0.92	1.17	0.19	0.05	0.026	52.00
2004	0.84	1.11	0.18	0.05	0.030 5	61.00
2005	0.87	1.06	0.18	0.04	0.022 3	55.75
2006	0.81	1.06	0.21	0.04	0.019 2	48.00
2007	0.80	1.05	0.30	0.04	0.019 2	48.00
2008	0.74	0.97	0.27	0.05	0.030 3	60.60

第四节　农业经济增长中金融排斥程度测算

从上述分析可以看出，不同时期金融部门对农业发展均存在排斥，但排斥强度不一。为了更具体地测量农业经济增长中的金融排斥程度，本书进一步采用金融扭曲度指标对我国金融发展过程中金融部门对农业和非农业支持力度的差异进行衡量。

金融扭曲度可以用来衡量金融发展的二元性问题，用某一部门贷款占全社会总贷款的比例除以该部门对经济增长的贡献率，得到一个比值，然后比较各部门的比值，最优的金融制度安排将要求这个比值在不同的部门间不存在差异，在最优状况下，金融机构贷出的每一元钱在任何一个部门所得到的收益相同，这表明部门间该比值的差异越大，则金融扭曲的程度也就越大，反之则相反。根据需要，本书衡量农业经济与非农业经济之间差异度的金融扭曲度指标的计算公式为：

$$金融扭曲度=\frac{\dfrac{非农业贷款份额}{非农业经济增长贡献率}}{\dfrac{农业贷款份额}{农业经济增长贡献率}}$$

表 4-3　金融扭曲度

年份	非农经济增长贡献率 ①	农业经济增长贡献率 ②	非农贷款 ③	农业贷款 ④	③/①	④/②	金融扭曲度 ⑤	金融排斥程度[1] ⑤－1
1991	92.90	7.10	1 116.58	1 209.48	181.21	170.35	1.06	0.06
1992	91.60	8.40	1 357.12	1 448.72	220.16	172.47	1.28	0.28
1993	92.10	7.90	1 628.13	1 720.23	268.63	217.75	1.23	0.23
1994	93.40	6.60	1 460.70	1 554.10	411.37	235.47	1.75	0.75
1995	90.90	9.10	1 830.70	1 921.60	534.90	211.16	2.53	1.53
1996	90.40	9.60	1 828.70	1 919.10	655.28	199.91	3.28	2.28
1997	93.20	6.80	3 221.40	3 314.60	768.23	487.44	1.58	0.58
1998	92.40	7.60	4 351.80	4 444.20	888.31	584.76	1.52	0.52
1999	94.00	6.00	4 698.40	4 792.40	946.19	798.73	1.18	0.18
2000	95.60	4.40	4 793.40	4 889.00	988.31	1 111.14	0.89	－0.11
2001	94.90	5.10	5 616.60	5 711.50	1 123.32	1 119.90	1.00	0.00
2002	95.40	4.60	6 789.20	6 884.60	1 304.08	1 496.65	0.87	－0.13
2003	96.60	3.40	8 314.80	8 411.40	1 558.85	2 473.94	0.63	－0.37
2004	92.20	7.80	9 750.90	9 843.10	1 825.97	1 261.94	1.45	0.45
2005	93.90	6.10	11 436.00	11 529.90	1 950.59	1 890.15	1.03	0.03
2006	94.70	5.30	13 113.50	13 208.20	2 240.12	2 492.11	0.90	－0.10
2007	96.70	3.30	15 332.30	15 429.00	2 546.66	4 675.45	0.54	－0.46
2008	93.50	6.50	17 535.50	17 629.00	3 056.32	2 712.15	1.13	0.13

数据来源:《中国统计年鉴》[2]。

[1]　金融排斥程度＝金融扭曲度－平衡值,其中平衡值为1,表示金融部门对农业经济和非农业经济支持程度相同。

[2]　数据说明:由于《中国统计年鉴》中仅提供了1990—2008年的农业经济增长贡献率数据,且利用1990年数据计算出的金融扭曲度明显高于其他年份,影响样本的均值分布,所以本书选取了1991—2008年阶段数据作为分析样本。

从计算结果来看(表 4-3),金融扭曲程度的强弱可以明显地划分为两个阶段。第一阶段(1991—1999),这一时期金融扭曲度偏离平衡值 1 的程度较大,说明在这期间,金融部门更加倾向于对非农经济的支持,农业经济发展受到排斥,金融排斥的程度最高时达到 2.28,均值为 0.71。第二阶段(2000—2008),这一时期金融排斥的程度最高为 0.45,均值为−0.06。说明这一时期,金融部门对农业经济的排斥程度有所降低,由于受到各种随机因素和不确定因素的影响,在这一阶段,并不是所有年份都表现为下降,但是从统计上看,在某一区间,只要下降的年份多于升高的年份,就可以近似地认为金融排斥程度有所下降。其原因可以归结为:这一阶段,我国出台的一系列针对农村金融发展的政策,如自 1999 年起,在农村信用社推广农户小额信贷贷款、联保贷款等,大大缓解了农民贷款难的问题,截止到 2007 年末,全国农村信用社农户贷款余额达到 1.16 万亿元。2004 年以来,国家在中央一号文件中对农村金融改革进行了明确的部署和安排,特别是从 2006 年农村金融领域内来看,我国进一步调整和放宽了农村地区银行业金融机构的准入门槛,直接促进农村地区逐步形成投资多元、种类多样、覆盖全面、治理灵活、服务高效的银行业金融服务体系,这其中包括“只贷不存”的小额信贷公司的成立与发展、邮政储蓄机构小额质押贷款业务试点、村镇银行、贷款公司、农村资金互助合作社等一批新型农村金融组织的出现。这些在不同程度上缓解了农业经济的金融排斥。不过,就 2000—2008 年这一阶段总体来看,金融扭曲度仍然徘徊在平衡值附近,并且有升高的态势,所以,缓解农业经济增长过程中的金融排斥现象仍然是一项艰巨而长期的任务。

第五节　本章小结

本章采用 1991—2008 年 30 个省(自治区、直辖市)的相关数据,首先,利用协整检验建立多元回归方程验证农业贷款对农业经济增长的贡献,得出目前中国农业经济增长中,相对于本书设定的其他因素而言,农业产值对农业贷款的弹性最大,每增加一单位的农业贷款会增加 0.61 单位的农业产值,根据生产函数的特性,一种投入要素对产出作用显著,一方面说明该要素是产出增长的重要来源，另一方面说明当前该种要素的投入远未达到饱和状态。从目前我国农村金融的发展来看，当前农村金融对农业发展作用显著但其支持力度远远不够。其次，利用泰勒指数测算我国总体金融和农村金融的发展差异，结果表明，中国整体金融和农村金融发展差异均呈现波动性上升趋势，并且农村金融发展差异明显高于整体金融发展差异。这可以判断出我国金融发展一直处于不平等发展的状况，农村金融发展不平等状况尤为突出。最后，运用金融扭曲度指标测算农业在金融发展过程中受到金融排斥的程度。测算结果显示，中国金融扭曲程度的强弱可以明显地划分为两个阶段，第一阶段(1991—1999)，这一时期金融扭曲度偏离平衡值 1 的程度较大，说明在这期间，金融部门更加倾向于对非农经济的支持，农业经济发展受到排斥，金融排斥的程度最高时达到 2.28，均值为 0.71。第二阶段(2000—2008)，这一时期金融排斥的程度最高为 0.45，均值为－0.06。说明这一时期，金融部门对农业经济的排斥程度有所降低。

通过上述研究，本章从金融排斥的视角出发，以农村金融发展与农业经济增长的关系实证研究为起点，研究了我国农业经济发展过程中的金融排斥情况。可以得出如下主要结论：①通过农业贷款对农业经济增长的贡献分析发现，农村金融对农业发展作用显著但其支持力度远远不够。②利用泰勒指数测算我国总体金融和农村金融的发展差异后发现，我国金融发展存在不平等现象，农村金融尤为严重，农业在金融发展过程中受到明显排斥。③利用金融扭曲度指标的测算发现，不同时期农业受到金融排斥的程度是不尽相同的，总体上呈现波动上升的态势。

第五章　农村金融资源配置中不同收入层农户金融排斥分析

中国农民承担着自然、市场、政策等多重风险，贷款是农民抵御风险、缓解流动性约束和平滑消费波动的重要途径，也是农民增加农业投入的重要支撑力量。但是，我国农村金融发展的现状并不理想，金融资源错配、信贷分配失效、利用效率低、金融排斥严重，使金融资源支持"三农"的功效大打折扣。其中，农民贷款难是我国农村金融问题突出表现之一。从农村金融供给角度分析，我国农村金融供给采用的基本方式是政府主导带补贴性质的指令性信贷体制，但是在市场经济的冲击下，农村金融机构又以追求经济利益最大化为目标，导致农村金融供给主体在政治利益和经济利益之间权衡得失，摇摆不定。从农村金融需求角度分析，不同收入层农户的资本积累状况、风险承受能力存在一定的差异性，对金融资源的需求强弱不一，但农村金融机构通常将其统一定义为高风险、低收益群体，从而在金融资源配置过程中排斥农民，割裂了农村金融需求与供给之间的联系。国内关于农村金融资源配置的研究多集中于农村金融资源配置是否有效，配置效率对农业经济增长、农民收入提高的作用效果，如钟笑寒(2005)、朱喜(2006)、杨栋(2007)等的研究。鲜见有对不同收入层农户的金融资源配置进行研究，而专门针对农村金融资源配置过程中引发的金融排斥研究更是一项空白。当前金融机构面向农村市场时，无视不同收入层农户金融需求的差异，先验地统一定义农户"高风险、低收益"的信贷特征假设，可能恰恰是农村金融资源配置错位、利用低效的症结所在。基于此，本章拟从农村金融需求和供给两方面出发，首先，分析在农村金融资源配置过程中不同收入层农户的违约风险和借贷收益，判断出不同收入层农户的信贷需求特征；然后，根据不同收入层农户的信贷需求特征，结合当前农村金融的供给优先序，对不同收入层农户的金融需求与金融机构的供给优先序进行配对，并根据配对结果来揭示不同收入层农户的金融排斥类型；最后，从提高农村金融资源配置效率，缓解农村金融排斥视角提供政策建议。

第一节　农村金融配置过程中的资源错配

随着我国农村金融改革的不断推进和政府对“三农”问题的高度重视，学术界也纷纷围绕农村金融相关的问题展开研究。特别是自农村金融机构商业化改革以来，农村金融资源配置效率更是成为学术界关注的焦点。我国农村金融资源配置低效业已成为各界共识，相关的研究表明，一个功能完善的农村金融市场在提高农村资源配置效率中起到核心作用。但是经济转型国家由于缺乏有效的农村金融市场体系，国家的财政、金融部门对农村资金的配置效率是低下的。OECD(2001)通过对中国农村经济体系进行研究后，进一步验证了上述结论，他们认为中国农村金融的主要问题是农村信用和风险管理市场不完善，地方政府的趋利行为、寻租行为造成财政、金融资源低效配置和大量转移。而金融体系最重要的功能就是资金配置功能，在中国缺乏合适有效的农村金融机构，已经构成阻碍农民收入增长的主要原因之一。

农村金融资源错配的原因主要表现在：中国政府常常被赋予扶持农业信贷的重任，指令性的农村信贷模式导致他们为农民所提供的低息信贷对于刺激农业发展的效果却微乎其微。在缺乏稳定的农业资本形成机制的大环境下，支农资金的增加不仅无助于农业经济的增长和农民收入水平的提高，反而还起到了抑制作用。指令性的农业信贷政策更像是饮鸩止渴，导致中国农业对政策信贷的强依赖性，金融机构的农村贷款投入在长期与农民收入、农村投资之间不存在均衡关系，在短期也未能有效地促进农村投资的增加和农民收入的增长，致使农村经济发展存在资金投入不足和资金配置低效率的双重瓶颈。另外，地方政府政绩至上所引发的投资冲动和不规范行为往往使大量的农业信贷资金和财政支农资金从农业流入其他行业或者被挥霍浪费掉，造成农业和农村经济发展资金短缺的状况一直难以得到有效缓解。特别是在农信社的改革中，当地方政府介入后，农信社的信贷资金供给会出现明显的"错配"现象，"错配"的程度也随着地方保护主义的强化而加重。而在农业信贷与农业经济增长的关系中，二者之间的弱相关、单向传导性及农业弱质性与信贷资金逐利性之间的矛盾，导致了农业对信贷资金缺乏吸引力，阻碍了信贷资金流向农业。农村金融资源配置的低效率不仅阻碍了农业经济的发展，而且加剧了农村受到金融排斥的程度。农村金融机构为了缓解资源配置的低效率，大幅度撤并其基层分支机构，导致了农村金融的空白，由于这一空白未能被其他农村金融形式填补，农村金融机构撤并对农村经济产生了严重的负面影响。农村金融机构"脱农变异"、信贷配给不足现象普遍，银监会的统计显示，截止到 2007 年，获得贷款支持的农户数占到全国农户总数的 32.8%，但在真正有贷款需求的农户中，仍有近 40%农户的贷款需求得不到满足，大量农户被农村金融机构排斥在外。

综上所述，已有研究涉及我国农村金融资源配置的方方面面，也取得了较为丰硕的研究成果，这为本章研究的进一步开展提供了经验和方法上的借鉴，但已有研究主要集中在外部环境和内部机制对农村资源配置的影响研究上，研究视角和切入点也大多集中于农村金融资源的整体配置效率。而针对农村金融资源的直接配置对象农户的影响分析较少，对不同收入层农户金融资源配置分析也仅在为数不多的研究中出现过。因此，在现行的农村金融资源配置中，对不同收入层的农户制度安排是否适当？哪一个收入层最容易在金融资源配置过程中受到排斥？回答清楚上述问题，可能对重新设计农村金融的供给方式，提高农村金融资源的利用效率更有意义。所以，本章研究的一个突出特点就是从不同收入层农户的信贷资金需求特征这一视角出发，来探讨农村金融资源配置对农户金融需求的影响及其受到金融排斥的状况。根据所要研究的问题，本章逻辑思路如下：首先，利用 Black-Scholes-Merton 违约风险结构模型对不同收入层农户的违约风险进行测度；其次，分析在农村金融资源配置过程中，针对不同收入层的农户，农村金融资源的供给和需求特征，进而对比不同收入层农户农村金融资源的供给和需求是否匹配，并描述不同收入层农户受到农村金融排斥的类型特点；最后，根据上述分析确定农村金融资源配置的最佳对象，明确缓解农村金融排斥的首要群体，并根据不同收入层农户的信贷需求特征进行有差别的制度安排。

第二节　农村金融资源配置过程中的信贷违约风险测定

一、Black-Scholes-Merton 违约风险结构模型

1973 年，美国的金融理论家和实务家 Black 和 Scholes 在其著名的《期权定价与公司债务》中首次提出了后来被称为 B-S 模型的期权定价公式。1974 年 Merton 提出了将期权定价理论应用于公司价值评估的方法，并利用期权理论进行了定价分析，形成了 Black-Scholes-Merton 股票期权定价模型的基础。在该模型中，对于违约风险的测度表述为：如果只存在单一的账面价值为 D、到期日为 T 的债券，Black 和 Scholes(1973)以及 Merton(1974)模型假设，在 T 时刻，当 $A_T \leqslant D$ 时发生违约。其中 A_T 为公司总资产价值的买方期权，截距为债务的账面价值。该模型认为公司资产的市场价值符合对数正态分布。资产 A 的总价值大约等于股票市场价值和债务账面价值之和。从时间 t 向 T 运动的过程，从资产价值在到期日 T 的概率分布中就可以得出违约概率(图 5-1)。

这个模型以资产的对数正态分布为基础，在这一分布下，

$$\frac{\mathrm{d}A_t}{A_t}=(\mu-\gamma)\mathrm{d}t+\sigma \mathrm{d}B_t$$

其中，μ 表示资产的平均收益率，γ 表示现金股利支付率，σ 表示资产波动性，B 表示标准的布朗运动[1]。

[1] 布朗运动的详细介绍见吴恒煜，张仁寿在《系统工程》2005 年第 5 期发表的《结构化模型中违约概率的比较静态分析及实证》一文。

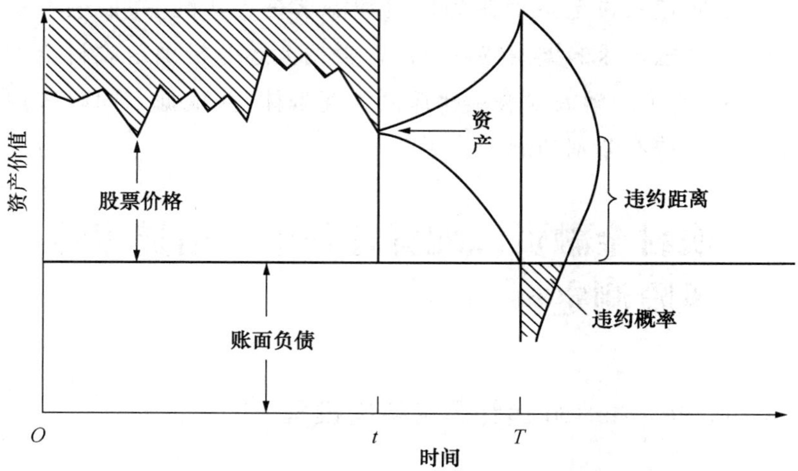

图 5-1　Black-Scholes-Merton 违约风险结构模型

这个模型中的一个关键概念是违约距离,它是资产超过负债的标准差。根据现在的概率分布,违约距离等于:

$$X_t = \frac{\ln A_t - \ln D_t}{\sigma}$$

其中,X 符合变量参数为单位 1 的布朗运动,漂移系数恒等于 $m = \left(\mu - \gamma - \frac{\sigma^2}{2}\right)/\sigma$,即到违约距离的变化率。在 Black-Scholes-Merton 模型中,在到期日 T 发生违约的当前条件概率为:

$$p(X_T \leqslant 0 \mid X_t) = N[\mu(t, T)]$$

这里,$N(X)$表示标准正态变量小于 X 的概率,其中

$$\mu(t, T) = \frac{X_t + m(T - t)}{\sqrt{T - t}}$$

表示债券到期日 T 的平均违约距离,这里利用了给定 X_t 时,X_T 的标准差是 $\sqrt{T-t}$ 这一事实。

根据 Black-Scholes-Merton 违约风险结构模型,我们可以得到以下两个基本结论:

(1)违约距离与资产初始值呈正向变动,与账面负债呈反向变化。违约的速度与资产收益率呈正向变化,与股利支付率和资产波动性呈反向变化。

(2)违约发生的概率与违约距离及违约速度呈正向变动,进而有违约发生的概率与资产初始值和资产收益率呈正向关系,与账面负债和股利支付率呈反向变化。

二、不同收入层农户借贷违约风险结构模型

金融机构信贷决策是一项复杂的金融工程,金雪军等(2008)通过研究其中的违约风险与贷款定价的内在关联、贷款定价中违约风险的理论刻画、违约风险与贷款定价的实证分析等问题发现:违约风险通过降低信贷市场效率和信贷合同价值影响金融机构贷款定价决策。违约风险之所以对金融机构信贷决策具有重要影响,是因为其一方面降低了信贷市场的资源配置效率,另一方面侵蚀了贷款合同的价值。因此研究不同收入层农户的违约风险,对分析农村金融机构信贷决策具有重要的意义。

在构建不同收入层农户借贷违约风险结构模型前,提出两个基本假设:

假设 1:农户资产总值符合对数正态分布。

对数正态分布的机理是当某个随机变量受到许多独立的随机变量"均匀"影响时,该变量是服从对数正态分布的。相关研究证明反映系统规模大小的社会经济指标可以用对数正态分布来描述。其中社会经济指标是反映社会经济系统状态的特征量,其绝对量可以从总量上反映系统规模大小,如人员总数、产值、资产总值等。农户资产总值可以作为描述农村社会经济指标的绝对量,依据上述推理,可以认为农户资产总值符合对数正态分布。

假设 2:农户是风险厌恶的。

对于非负财富水平上的不确定性投资,设 $\nu(\cdot)$ 是个人的一个 VNM 效用函数(von Neumann 和 Morgenstern,1944),那么,对于简单的不确定性投资 $g=(p_1\omega_1,\cdots,p_n\omega_n)$,其中,$\omega_i$ 表示该人做出某种选择,p_i 表示该人做出 ω_i 选择时的概率。该个人可被认为是:如果 $\nu(E(g))>\nu(g)$,$\nu(E(g))$ 表示期望效

用，$\nu(g)$表示 g 时效用，他对 g 是风险厌恶的[1]。

在满足上述两个假设条件下，利用 Black-Scholes-Merton 模型对农村金融市场上农户的违约风险情况进行分析。

图 5-2 中描述了不同收入层农户的违约距离和违约概率，实线部分代表农户中较高收入层，虚线部分代表农户中较低收入层。如无特殊说明，以下分析中 1 代表农户中的较高收入层，2 代表农户中的较低收入层，并且以农户收入代替农户资产，以申请贷款费用及贷款利率代替现金股利支付。

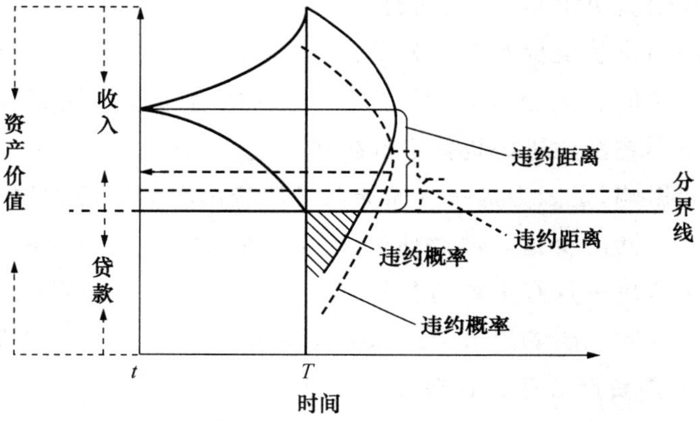

图 5-2　不同收入层农户借贷违约风险结构模型

三、不同收入层农户借贷违约风险测定

从上述构建的不同收入层农户借贷违约风险结构模型中，可以得出以下结论：

(1)假设：$D_1=D_2$，$\mu_1=\mu_2$，则 $X_1>X_2$，较高收入层农户的违约距离大于较低收入层农户；$m_1<m_2$，较高收入层农户的违约速度低于较低收入层农户；$p_1<p_2$，较高收入层农户的违约概率小于较低收入层农户。

从 2002—2009 年农户不同收入层的年平均收入来看，低收入层农户年平均收入 1 118.04 元，中等收入层农户年平均收入 2 982.45 元，高收入层农户年

[1] 证明过程详见杰弗瑞·A·杰里，菲利普·J·瑞尼．高级微观经济理论[M]．上海：上海财经大学出版社，2005.

平均收入 8 068.02 元，三个收入层存在明显的收入差距，低收入层农户的初始资产最低，因此有：$A_1 > A_2$；在贷款过程中，由于受到贷款条件和社会资本的限制，较低收入层农户为了得到贷款要付出比较高收入层农户更高的成本。有研究显示：农村借贷通常会花费借贷者借款总额 1%～30%的交易费用，比较而言，较低收入层农户更难于承受交易费用的负担。因此有：$\gamma_1 < \gamma_2$；农户中较低收入层抵御风险的能力低于较高收入层，在受到自然灾害或者市场风险的影响时，较高收入层农户更容易平滑风险产生的损失。因此有：$\sigma_1 < \sigma_2$。按照收入水平将农户分为三个层次：高收入层（S_1）、中等收入层（S_2）、低收入层（S_3），依据 Black-Scholes-Merton 模型中得到的基本结论，可以推知，在农村金融市场中，借贷农户的违约风险排序为：$S_1(p_1) < S_2(p_2) < S_3(p_3)$。

（2）放宽假设条件，仅假设 $\mu_1 = \mu_2$，由于 $A_1 = A_2$，相同额度的生产投资，较低收入层的农户需要借入更多的资金满足生产，即 $D_1 < D_2$。此时，在图 5-2 中表现为较低收入层的农户贷款与收入分界线将向上移动，其结果是进一步增加了较低收入层农户的违约风险。

信贷违约风险是金融机构进行资源配置过程中判断风险的主要依据，依据信贷违约风险对信用风险进行定价，区分客户群。尤其是面向广大农户的农村金融体系，农村金融机构的服务对象是容易受到市场风险、自然风险影响的、分散的成千上万的生产个体，由于信息不对称、道德风险和监督成本的影响，农村金融机构的事前风险控制就显得格外重要，信贷违约风险的测度成为衡量农户个人风险的重要依据。但是，目前农村金融机构在进行信贷违约风险分析时，测度方法过于简化，并未具体到不同收入层农户主体，因此，本章构建了不同收入层农户的违约风险模型，描述了影响不同收入层农户违约距离和违约概率的因素，并排列了不同收入层农户的违约风险，以此为下文中不同收入层农户金融需要和供给配对提供依据。

第三节　不同收入层农户金融需求与供给配对及金融排斥类型划分

相对经济效益而言，“三农”事业的社会效益更为明显，但是金融机构作为理性的经济人，追逐经济效益也无可厚非，利益驱使农村金融机构在提供金融资源服务的过程中，明显排斥低收益的农村地区，即使服务农村地区，金融资源也倾斜流入高收益低风险客户群，排斥低收益高风险客户群，重视商业化最优，忽视社会化最优。在初始资本、风险收益、信贷成本三大因素影响下，农村金融资源需求主体对金融资源需求差异化特征明显。但是同质化的金融资源供给和差异化的金融资源需求无法达到合理匹配，需求与供给的严重错位，使本来就遭受金融排斥之苦的广大农村地区，金融排斥程度愈发显得严重。

一、农村金融资源配置：供给方面

假设农户的借贷违约概率为 $p(X,m)$，其中 $p(X,m)\in[0,1]$是 X 和 m 的函数，农村金融机构收回全额本息的概率为 $1-p(X,m)$。农村金融机构的贷款利息为 i，筛选和监督成本为 c，收益为 E。为了分析简便，假设金融机构贷款数额为 1。

农村金融机构对不同收入层农户的信贷供给决策为：

$$\begin{aligned}E_1&=[1-p_1(X_1,m_1)](1+i)-p_1(X_1,m_1)\times 1-c_1\\&=[1-p_1(X_1,m_1)]i-2p_1(X_1,m_1)+1-c_1\end{aligned}$$

$$\begin{aligned}E_2&=[1-p_2(X_2,m_2)](1+i)-p_2(X_2,m_2)\times 1-c_2\\&=[1-p_2(X_2,m_2)]i-2p_2(X_2,m_2)+1-c_2\end{aligned}$$

比较农村金融机构对不同收入层农户的信贷收益：

$$\begin{aligned}E_1-E_2&=\{[1-p_1(X_1,m_1)]i-2p_1(X_1,m_1)+1-c_1\}\\&\quad-\{[1-p_2(X_2,m_2)]i-2p_2(X_2,m_2)+1-c_2\}\\&=[p_2(X_2,m_2)-p_1(X_1,m_1)](2+i)+(c_2-c_1)\end{aligned}$$

由于 $X_1>X_2$，$m_1<m_2$，依据不同收入层农户借贷违约风险模型可知：

$$p_2(X_2,m_2)>p_1(X_1,m_1)$$

且 $c_2>c_1$，因此可以推出：$E_1-E_2>0\Rightarrow E_1>E_2$。

对于农村金融机构而言，向农户中高收入层提供贷款的收益大于向低收入层提供。因此对于不同收入层农户，农村金融机构提供贷款的优先序为：$S_1(E_1)>S_2(E_2)>S_3(E_3)$。在农村金融资源供给一定的情况下，农村金融机构在平衡政治利益和经济利益时，高收入层的农户就是首选的信贷对象，低收入层的农户在农村金融机构确定信贷目标时就被排除在外。所以在农村金融信贷过程中，不同收入层农户受到的金融供给排斥程度为：$S_3(E_3)>S_2(E_2)>S_1(E_1)$。

二、农村金融资源配置：需求方面

假设农户的借贷违约概率为 $p(X,m)$，其中 $p(X,m)\in[0,1]$是 X 和 m 的函数，则农户借贷者取得预期最大收益的概率为 $1-p(X,m)$。需要支付的利息成本为 i，交易成本和其他隐性成本为 z，收益为 R。为了分析简便，假设农户借款数额为 1。

农户不同收入层的借贷需求决策为：

$$R_1=[1-p_1(X_1,m_1)]-i-z_1$$

$$R_2=[1-p_2(X_2,m_2)]-i-z_2$$

比较不同收入层农户的借贷收益：

$$\begin{aligned}R_1-R_2&=\{[1-p_1(X_1,m_1)]-i-z_1\}-\{[1-p_2(X_2,m_2)]-i-z_2\}\\&=[p_2(X_2,m_2)-p_1(X_1,m_1)]+(z_2-z_1)\end{aligned}$$

由于 $X_1>X_2$，$m_1<m_2$，依据不同收入层农户借贷违约风险模型可知：

$$p_2(X_2,m_2)>p_1(X_1,m_1)$$

且 $z_2>z_1$，因此可以推出：$R_1-R_2>0\Rightarrow R_1>R_2$。

对于不同收入层农户而言，高收入层借款的收益大于低收入层。因此，对于不同收入层农户向农村金融机构申请借贷的顺序为：$S_1(R_1)>S_2(R_2)>S_3(R_3)$。在农村信贷需求中，农户中高收入层更愿意向农村金融机构申请贷款，低收入层参与农村金融市场的程度较低，表现为一种金融需求的自我排斥，排斥顺序为：$S_3(R_3)>S_2(R_2)>S_1(R_1)$。

从农村金融配置的供给和需求两方面分析可以得出以下结论：

(1)在农村金融交易市场上,最容易达成的交易组合为(E_1,R_1),此时农村金融机构和农户高收入层均达到了效用最大化,这也解释了在农村金融信贷配给中,富裕农户更容易获得贷款的现象。在农村金融资源配置中,高收入层相对其他收入层显然更不容易受到农村金融机构的排斥。

(2)最难达成的交易组合为(E_3,R_3),由于最低收入层农户违约风险最高,农村金融机构对其提供借贷也更为谨慎,申请条件也较为苛刻。比如提供抵押物,低收入层一般都无法提供有效的抵押物作担保。对于低收入层,他们获得信贷的目的可能更倾向于平滑消费,而当前农村金融机构主要服务于农户的生产投资资金需求,从供给角度看,低收入层的金融资源供给明显不足,受到了严重的信贷资源约束。而农户中的低收入层出于对借贷收益性和风险规避的考虑,即使投资机会有利可图,也不愿意向农村金融机构申请贷款,信贷资金的有效需求不足。这就在供给和需求之间形成了一个"真空地带"。巴德汉和尤迪曾经提出农村居民越是贫困,利用信贷平滑其波动收入流的动机就越强。但是,这种信贷平滑功能由于"真空地带"中缺乏金融资源运动,平滑作用可能会无法实现,也就大大降低了农户中低收入层的借贷动力。在农村金融资源配置中,低收入层存在双向金融排斥,一方面是农村金融机构的信贷机制排斥,另一方面是低收入层的自我排斥,自动放弃获得金融资源的机会。

(3)介于中间的交易组合为(E_2,R_2),主要体现了中等收入层农户在农村金融交易市场中的地位。这一收入层有借贷的动机,但是受到了违约风险和借贷收益的限制。农村金融机构在其有限的金融资源配给中优先考虑的是高收入层,因此,中等收入层的借贷需求很难得到满足。现实的情形是,在农村金融交易市场上,高收入层是有借贷需求并能够得到金融供给,低收入层是没有借贷需求或借贷需求不足,并且也得不到金融供给,而中等收入层是有借贷需求,但是难以获得金融供给,成为当前农村金融供给排斥的主要对象。朱喜、李子奈(2007)的研究显示,从借款的收入分布来看,可用资金的分配明显偏向于富有的农户。收入最低的15%的农户得到的借款只占到总量的6.0%,而收入最高的30%的农户得到总借款的一半左右(48.3%),借款向富有农户集中的趋势十分明显。借款对最贫困和最富有的农户的收入作用不明显,但是显著促进了中低收入农户产出的增加,其产出弹性约为0.08。以上表明,目前我国农村金融资源的这种配置方式，导致了最有活力的中等收入层难以得到信贷支持，受到严重的金融供给排斥，这明显降低了农村金融资源的配置效率。农村金融机构的信贷配置机制导致农户中占多数比例的中低收入层无法获得资金支持，迫使其在需要资金支持时，更多的转向非正规金融，根据马晓青(2010)对 5 省(自治区、直辖市)1 412 个农户样本融资偏好的调查，发现 80%以上的样本农户在具有资金需求时选择首先求助于非正式渠道，只有不到 1/5 的农户会优先考虑向正式机构融资。

第四节　本章小结

本章主要是为了揭示农村金融资源配置与农村金融排斥之间的深层关系，以及不同收入层农户受到的金融排斥类型。

首先在对 Black-Scholes-Merton 违约风险结构模型进行深入研究的基础上，重新构建不同收入层农户的借贷违约风险结构模型，刻画出不同收入层农户的违约距离和违约概率：①在模型满足 $D_1=D_2$，$\mu_1=\mu_2$ 的情况下，较高收入层农户的违约距离大于较低收入层农户，即 $X_1>X_2$；②较高收入层农户的违约速度低于较低收入层农户，即 $m_1<m_2$；③较高收入层农户的违约概率小于较低收入层农户，即 $p_1<p_2$。

然后依据 Black-Scholes-Merton 模型中的基本结论：①违约距离与资产初始值呈正向变动，与账面负债呈反向变化。违约的速度与资产收益率呈正向变化，与股利支付率和资产波动性呈反向变化。②违约发生的概率与违约距离及违约速度呈正向变动，进而有违约发生的概率与资产初始值和资产收益率呈正向关系，与账面负债和股利支付率呈反向变化。进一步推知：在农村金融市场中，借贷农户的违约风险排序为：$S_1(p_1)<S_2(p_2)<S_3(p_3)$。

最后在确定了不同收入层农户违约风险后，从农村金融资源供给和需求两个方面对金融机构的资源配置特点和不同收入层农户所遭受的金融排斥类型进行深入的分析。从农村金融资源供给方来看，农村金融机构提供贷款的优先序为：$S_1(E_1)>S_2(E_2)>S_3(E_3)$，不同收入层农户受到的金融供给排斥程度为：$S_3(E_3)>S_2(E_2)>S_1(E_1)$；从农村金融资源需求方来看，不同收入层农户向农村金融机构申请借贷的顺序为：$S_1(R_1)>S_2(R_2)>S_3(R_3)$，金融需求的自我排斥顺序为：$S_3(R_3)>S_2(R_2)>S_1(R_1)$。

综合以上分析，本章可以得出如下主要结论：

(1)不同收入层的农户信贷违约风险存在差异，高收入层农户的违约风险最低，低收入层农户的违约距离最短，违约速度最快，违约风险也最高。

(2)在农村金融资源配置中，低收入层农户并不是受到金融排斥最严重的阶层。从金融供给方面看，低收入层农户受到的金融排斥最严重。但是从金融需求方面看，由于低收入层农户物质资本和人力资本更为匮乏，风险承受力低，维持生活的意愿高于扩大生产的意愿，因此对农村金融市场的参与程度较低，所以低收入层农户实质上不是受到了金融供给排斥，更多是源自于有效需求不足的金融需求自我排斥。

(3)从风险收益比来看，中等收入层农户是农村金融市场上最具活力的一个阶层，也是受到金融供给排斥最严重的一个阶层。一方面他们信贷需求旺盛，信贷边际效用显著；另一方面由于风险高于高收入层而使他们受到严重的金融供给排斥。与高收入层相比，中等收入层农户主要从传统的农业生产中取得收入，面临的不确定性较大，他们只有很少的个人财产，几乎无法提供正式的贷款抵押物。因此，信贷资源倾斜流向高收入层，中等收入层信贷需求难以得到满足。这种农村金融资源供给与需求的错位，明显降低了农村金融资源的配置效率。

第六章　农牧户金融排斥影响因素的实证分析

农牧户是农村经济发展中的基层微观主体，农村微观经济主体的生产积极性是影响农业生产效率的关键因素。中国实施农村经济体制改革以后，极大地调动了农牧户的生产积极性，农业生产效率明显提高，农业农村经济发展总体上保持了良好形势。但是，在农业经济发展的过程中，一些制约因素严重影响了农牧户进行农业生产的积极性。诸如金融资源缺乏，金融服务渠道狭窄，尤其是随着四大国有商业银行大规模撤并县乡以下基层分支机构，农村金融资源的供给主体进一步减少，导致农牧户在缺乏资金时，很难通过金融机构借贷进行资金调节。现有的农村金融资源供给主体，为了避免逆向选择和道德风险等问题，在金融资源分配中对农村微观经济主体实施数量配给、成本配给和风险配给，导致农村微观经济主体受到严重的金融排斥，其金融诉求长期得不到有效满足。伴随着中国金融市场的快速发展和现代金融体系的逐步形成，农村金融排斥问题将愈加突出。金融排斥不仅是一种资源分配过程的不公平，更体现为一种社会权益获得的障碍，不仅会加剧不同人群的两极分化，也会对社会经济的协调发展造成一定的阻碍。因此，在统筹城乡发展、构建和谐社会的宏观政策要求下，如何形成一个能够有效惠及普通农户、满足农户金融需求、保障农户金融权益、消除金融排斥的农村金融体系将是中国农村金融改革的一个基本方向。

鉴于金融排斥对经济稳定发展的重要影响，国内外学者对与金融排斥相关的问题展开了一系列的研究，尤其是对金融排斥的定义、分类以及各国金融排斥的表现形式进行了深入、细致的界定和描述。中国学者对金融排斥问题的研究起步较晚，研究方式也大都遵循国外的研究范式，以描述性分析为主，研究的一个突出特点是将研究对象直接定位于农村地区，这也从侧面反映了农村金融是中国整体金融发展的一块短板。马九杰、沈杰(2010)验证了中国农村金融市场存在严重的金融排斥的事实，明确指出贫困农户是典型的"边缘借款人"。许圣道、田霖(2008)研究发现，在众多影响因素中，农户储蓄、农民的金融知识、政府规管和乡镇企业增加值对金融排斥有显著影响；并且，中部六省和西部地区受到的金融排斥程度要高于东南沿海地区。王修华(2009)提出，破解农村金融排斥需要建立普惠性的金融体系，加强政府规制，发展融合性的金融机构并践行社会责任，创新农村金融产品，加强农民金融教育。综合以上分析不难发现，国内现有研究从其研究内容看，过于偏重以农村地区为整体进行宏观层面的分析，疏于对农村微观经济主体——农户受金融排斥的影响因素进行研究。目前，国内有关金融排斥微观层面的研究只有徐少君、金雪军(2009)。他们以浙江省为例分析了不同影响因素对农户受金融排斥的影响。在这一研究中，其研究范围是东部沿海省份——浙江省的农村地区，由于经济发展水平、市场发育程度的不同，其研究结论可能并不适用于全国其他地区特别是中西部欠发达地区；并且，这一研究在确定影响因素时并没有考虑农户的社会资本和区域农村金融发展水平。不过，现有研究无论是研究角度还是研究方法，都为本书进一步开展西部地区农村金融排斥的研究提供很好的借鉴。

基于此，本章利用对内蒙古自治区的实地调查数据，在对金融排斥的类型进行重新分类界定的基础上，构建实证模型探讨农牧户受金融排斥的影响因素。

第一节　数据来源与样本基本情况

一、数据来源

本章研究所使用的数据源自笔者于 2010 年 5 月和 9 月分别对内蒙古自治区赤峰市和鄂尔多斯市两地农牧户所开展的调查。选择这两个地区作为调查区域的原因是，赤峰市属于贫困欠发达地区，2009 年赤峰市地区生产总值 912.89 亿元，2007—2009 年农牧民年人均纯收入分别为 3 618 元、4 240 元和 4 500元；其所辖的 12 个旗(县)中，有 8 个国家级贫困县[1]。而鄂尔多斯市近年来经济发展迅速，2009 年鄂尔多斯市地区生产总值达 2 161.0 亿元，2007—2009 年农牧民年人均纯收入分别为 6 123 元、7 062 元和 7 803 元[2]。对比两个地区农牧民的人均纯收入，可以明显地看到，两个地区农牧业经济发展状况有明显差距，鄂尔多斯市的农村经济发展水平要明显高于赤峰市。选择这两个地区进行调查，既可以从宏观层面反映不同地区经济发展水平对农牧户受金融排斥的影响，又可以从微观层面反映不同收入水平对农牧户受金融排斥的影响。此外，这两个地区都发展了小额贷款公司和村镇银行。截至 2009 年，赤峰市的喀喇沁旗、翁牛特旗、元宝山区、松山区等地区的 8 家小额贷款公司已经开业或试营业。而在鄂尔多斯市，该市融丰小额贷款有限公司早在 2006 年 10 月就宣布成立；截止到 2009 年 10 月，该市先后有 100 家申请创办小额贷款公司，已有 50 家小额贷款公司获准，其中已经有 36 家开始营业，成为全国小额贷款公司发展最快的城市(剧锦文、李劲民，2010)。调查地点分别为赤峰市的巴林右旗、巴林左旗、林西县和敖汉旗，鄂尔多斯市的达拉特旗、乌审旗和杭锦旗。为了增强调查的可操作性，具体调查地点是根据调查员的地缘、亲缘关系确定的，即由调查员对其所熟悉的地区进行调查。采用这种方法确定调查地点的原因是：第一，本书所研究的是农牧户受金融排斥问题，其中涉及大量

[1] 相关数据来自于赤峰市统计信息网(http://www.cftj.gov.cn/)。

[2] 相关数据来自于鄂尔多斯在线(http://www.ordos.gov.cn)。

有关收入、储蓄、信贷以及个人特征等方面的信息，相对于回答陌生人的问题，被调查对象更愿意接受熟人或本地人的调查，从而能够增加调查数据的真实性；第二，调查中还涉及一些关于非正规金融等敏感问题，只有由对该调查区域熟悉并且不易引起被调查者警惕的人员来询问才能得到准确的答案。这种调查方法即使有损数据的普适性，但是对于这种偏社会性的问题，尤其是地区特性又很明显的金融排斥问题，所获取数据真实性的意义可能要超过普适性。具体说来，在样本乡镇(苏木)的选取上，在巴林右旗选取了沙布台苏木，在巴林左旗选取了十三敖包镇，在林西县选取了十二吐乡，在敖汉旗选取了木头营子乡，在达拉特旗选取了大树湾镇，在乌审旗选取了嘎鲁图苏木，在杭锦旗选取了呼和木独镇。然后，在每个样本乡镇(苏木)各选取一个村(嘎查)为样本村(嘎查)。在控制整体样本符合民族比例特征分布的前提下，对各个村(嘎查)采取随机调查的方式。

二、样本基本情况

调查先后在赤峰市和鄂尔多斯市各发放问卷 200 份，大致按照赤峰市汉蒙比例 4∶1，鄂尔多斯市 9∶1 来选取被调查对象[1]。由于本书对金融排斥的定义是基于农牧户家庭资产和负债状况，而户主在这方面最具有发言权，因此，为了得到更严谨的分析，必须确保本书的被调查对象都是家庭的户主，依据李涛等(2010)的分类，符合下列情况之一者，我们理论上认为其就是户主：①已婚的男性受访者；②未婚且没有其他家庭成员的受访者；③离异且家庭18～60岁的成年人仅有本人的受访者；④丧偶且家庭 18～60 岁的成年人仅有本人的受访者。因此本研究根据拟受访者本人和家庭的信息来推断其是否为户主，对其实施正式的调查。本次调查共收回 364 份问卷，剔除不合格样本后，最终得到有效问卷 338 份，有效回收率为 92.86%。在 338 个有效样本中，179 个来自赤峰市，159 个来自鄂尔多斯市。调查发现，调查样本中有 203 人在不同程度上受到了金融排斥，占总样本的 60.1%。从被调查对象的基本特

[1] 根据内蒙古自治区赤峰市和鄂尔多斯市政府网站提供的数据整理得出，赤峰市蒙古族比例 19.22%，鄂尔多斯市蒙古族比例 11.26%。

征来看(表 6-1),被调查对象以男性和中老年人为主;近一半的人缺乏基本的金融知识;近一半的农牧户年人均纯收入在 5 000 元以下,处于中低收入水平;大部分农牧户的家庭收入仍主要来源于农牧业生产性经营收入。这些特征与当前农牧区的基本情况基本吻合,被调查对象具有较强的代表性。

表 6-1　被调查对象的基本情况

项目	选项	人数	占总人数比重/%
性别	男	253	74.9
	女	85	25.1
年龄	30 岁及以下	4	1.2
	30～45 岁	92	27.2
	45～60 岁	198	58.6
	60 岁及以上	44	13.0
对金融知识的了解程度	完全不了解	65	19.2
	不太了解	99	29.3
	一般	98	29.0
	比较了解	71	21.0
	非常了解	5	1.5
是否是种养大户或个体工商户	是	77	22.8
	否	261	77.2
农牧户年人均纯收入	5 000 元及以下	150	44.4
	5 000～6 500 元	55	16.3
	6 500 元及以上	133	39.3
非农收入占总收入的比重	小部分(40%及以下)	231	68.3
	一半左右(40%～60%)	56	16.6
	绝大部分(60%及以上)	51	15.1

第二节　农牧户受金融排斥的理论分析与模型构建

一、农牧户受金融排斥的类型及影响因素

(一)农牧户受金融排斥的类型界定

从服务产品的种类来看,金融排斥主要包括储蓄排斥、信贷排斥和基本保险排斥。不过,结合中国农村金融市场的实际发育状况,本书并没有考虑基本保险排斥。因为中国农村保险市场尚未形成完善的制度环境[1],如果将基本保险排斥纳入到农村金融排斥体系,可能会高估农牧户受金融排斥的状况。在不考虑基本保险排斥的情况下,中国农牧户受到的金融排斥主要包括储蓄排斥和信贷排斥两类。这两类金融排斥与农牧户的生产、生活密切相关,均体现了农牧户接触金融机构和使用金融服务过程中所遇到的障碍,其具体的表现与形成原因见表 6-2。其中,农牧户储蓄排斥表现为自我被动排斥、地理排斥和营销排斥;农牧户信贷排斥表现为数量排斥、成本排斥、条件排斥和自我被动排斥[2]。自我被动排斥又分两种情形,一种情形是农户由于对信贷程序不了解,主观认为不能获得信贷,将自己排除在外;另一种情形是农户十分了解信贷程序,知道信贷过程中的种种困难,被动地将自己排除在外。

---

[1] 农业保险自 1982 年恢复以来,其业务规模一直徘徊不前,2007 年之前每年的保费收入和赔款支出都在 10 亿元以内,相对于中国年均高达上千亿元的农业灾害损失来说,这点保险赔款根本起不到多少作用。农业保险"三高三低"(高风险、高成本、高赔付和低保额、低收费、低保障)的特性使其经营往往陷入一个恶性循环中,农业保险保障农业生产安全、防范农业风险的职能没有得到充分发挥,保险公司普遍缺乏承保意愿。同时,中国农民总体收入水平很低,农村居民刚刚开始从温饱迈向小康,他们目前有限的收入只能满足基本的生活需要,并没有"余钱"用于农业风险的管理,广大农民也缺少投保的积极性。于是,中国农业保险市场呈现出供需"双冷"的尴尬局面。此外,中国农村其他商业性保险还尚待进一步开发,农村社会保险保障制度也处在试验阶段。

[2] 自我被动排斥有别于自我主动排斥:自我主动排斥是一种不需要金融服务的自主性远离;而自我被动排斥则表现为由于缺乏对金融机构及其服务的了解,无法接触或使用金融资源。比如在调查中发现,银行要求低于某一金额的取款业务,必须通过自动取款机自行操作,一些年龄偏高、受教育程度较低的农户很难掌握使用方法,致使农户不愿意利用金融机构,形成自我被动排斥。

表 6-2　金融排斥类型、表现与形成原因

总体类型	具体类型	表现与形成原因
储蓄排斥	地理排斥	有储蓄账户，但不经常使用，由于银行网点少，距离远
	营销排斥	有储蓄账户，但不经常使用，由于不适应银行提供的服务
	自我被动排斥	需要储蓄账户，但没有去申请，因为认为金融机构不愿意为农牧民服务
信贷排斥	数量排斥	获得了贷款，但是少于申请额度，不能满足需求
	成本排斥	需要贷款，但没有去申请，因为受到申请费用、申请时间等显性成本和其他难以量化的隐性成本的限制
	条件排斥	申请贷款没有被批准，因为没有符合条件的抵押担保、被金融机构认定为高风险客户群
	自我被动排斥	需要贷款，但没有去申请，因为自我认为银行一般不会为农牧民提供贷款，即使申请也会因为申请程序烦琐、没有关系而得不到贷款

基于上述分类，在调查过程中首先询问被调查对象是否受到了储蓄排斥，如果农牧户选择了储蓄排斥中的任何一种具体类型，就判定其受金融排斥，不再继续询问其是否受信贷排斥。如果被调查对象没有受储蓄排斥，才会继续询问被调查对象是否受信贷排斥；如果被调查对象选择了信贷排斥中的任何一种具体类型，则判断其受金融排斥。这样进行调查的原因是，储蓄业务是金融机构最基本的业务，如果农牧户无法享受到储蓄服务，就更不会享受到比储蓄服务更高一级的信贷服务。在调查过程中采取上述询问顺序，可以避免重复计算，合理估计农牧户受到的金融排斥。

（二）农牧户受金融排斥的影响因素

根据上文的分析，结合不同类型金融排斥的特征，本书利用农牧户个人特征、家庭资源禀赋特征、社会资本特征和区域农村金融发展水平来解释农牧户受到的金融排斥，各类因素下的变量的含义、预期影响方向以及描述性统计分析结果见表 6-3。

表 6-3　自变量的含义、预期方向与描述性统计分析结果

变量名称	变量的含义与赋值	平均值	标准差	预期方向
农牧户个人特征				
性别(x_1)	男=1,女=0	0.75	0.43	—
年龄(x_2)	30岁及以下=1,30~45岁=2,45~60岁=3,60岁及以上=4	2.83	0.65	+
对金融知识的了解程度(x_3)	完全不了解=1,不太了解=2,一般=3,比较了解=4,非常了解=5	2.56	1.07	+/—
是否是种养大户或个体工商户(x_4)	是=1,否=0	0.23	0.42	—
家庭资源禀赋特征				
拥有的耕地和草地面积(x_5)	具体数值	9.98	6.81	+/—
农牧户年人均纯收入(x_6)	5 000元及以下=1,5 000~6 500元=2,6 500元及以上=3	1.95	0.92	—
非农收入占总收入的比重(x_7)	小部分(40%及以下)=1,一半左右(40%~60%)=2,绝大部分(60%及以上)=3	1.47	0.74	—
生产性固定资产数量(x_8)	取对数	6.99	2.43	—
社会资本特征				
是否是村干部或是否有在政府或金融机构工作的亲戚朋友(x_9)	是=1,否=0	0.25	0.43	—
区域农村金融发展水平				
是否有村镇银行或小额贷款公司(x_{10})	有=1,没有=0	0.41	0.49	—
农牧户所在村庄到最近的农村信用社距离(x_{11})	具体数值	18.62	8.65	+
对金融机构所提供服务的满意程度(x_{12})	很不满意=1,不太满意=2,一般=3,满意=4,很满意=5	2.72	1.17	—

1. 农牧户个人特征

农牧户个人特征一般包括户主的性别、年龄、受教育程度和经营活动等。农牧户的个人特征将影响到金融机构对农牧户资信的整体评价，进而影响到其受到的金融排斥。Jianakoplos 和 Bernasek(1998)以及 FSA(2000a)的研究表明，中老年人和女性由于经济基础、社会地位和风险类型等原因的影响，更容易受金融排斥。预期年龄对金融排斥作用的系数符号为正，年龄越大越容易受到金融排斥，性别对金融排斥作用的系数符号为负，男性不容易受到金融排斥，女性容易受到金融排斥。本书使用农牧户对金融知识的了解程度替代农牧户受教育程度。这两个变量虽然都与金融排斥密切相关，但是农牧户受教育程度越高，不一定对金融知识越了解；而对金融知识越了解的农牧户，其受教育程度一定比较高，如果将两个相关的变量同时放入模型中预计会产生内生性而影响模型估计的准确度。并且，与受教育程度变量相比，农牧户对金融知识的了解程度这一变量更能具体地判断农牧户个人特征与其受金融排斥之间的关系。因此，本书将受教育程度排除在模型之外，而保留"对金融知识的了解程度"这一变量。不过，农牧户对金融知识了解程度的影响预期会产生两种不同的结果：一种是越了解金融知识，越愿意接触金融机构；另一种是越了解金融知识，越认为金融机构的服务不适合自己或难以获取。因此，无法预期该变量对金融排斥的影响。此外，是否是种养大户或个体工商户将直接体现农牧户的经营能力高低，而经营能力是金融机构衡量农牧户风险水平高低的重要指标。因此，预期对金融排斥的作用系数符号为负。

2. 家庭资源禀赋特征

农牧户家庭资源禀赋特征一般用耕地面积、年人均纯收入、非农收入所占比重、所拥有的生产性固定资产数量等变量来反映。对于农牧户而言，所拥有的耕地面积和草地面积[1]越大，则表明农牧户的农业生产规模越大，但同时也面临着更大的自然风险和市场风险，因此，无法预期这一变量对金融排斥的作用。农牧户年人均纯收入可能是影响金融排斥的最重要变量之一。理论上

[1] 本书之所以考虑农牧户所经营的草地面积是针对内蒙古地区农牧户的经营特点设定的。在内蒙古地区，多数农牧民都同时从事农业生产和畜牧业生产，承包的土地既有耕地也有草地。

而言，农牧户年人均纯收入越高，其资金自给率就越高或还贷能力就越强，农牧户受金融排斥的可能性就会越小，因此，预期该变量对金融排斥的作用方向为负。农牧户非农收入所占比重越高，预示着农牧户主要从事非农生产活动[1]。由于非农生产活动不直接受自然因素的影响，其所受到的市场风险也低于农业生产，所以，非农收入所占比重越高，农牧户越不容易受金融排斥。农牧户所拥有的生产性固定资产数量反映了农牧户拥有的财富，如果可以用作抵押品，则无论农牧户的风险类型如何，贷款者所面临的风险都可以被消除。即使生产性固定资产不能用来作为抵押，也具有一定的变现能力。因此，农牧户所拥有的生产性固定资产数量越多，其受到的金融排斥会越少。

3. 社会资本特征

社会资本一般包括农牧户所拥有的社会资源和社会网络，本书选取被调查对象是否是村干部或是否有在政府或金融机构工作的亲戚朋友来反映农牧户的社会资本特征。在被调查对象担任村干部的情况下，由于工作关系，他们一般比较容易接触到金融机构，也更容易获取相关信息、取得金融机构的信赖；并且，由于拥有固定的工资收入和一定的社会地位，他们不容易受金融排斥。此外，目前中国农村金融资源的主要供给主体是农村信用合作社。白永秀、马小勇(2010)在研究中提出，由于现行信用合作社具有浓厚的官方色彩，农村信用社贷款成为短缺的资源。这就容易导致寻租行为的发生，结果往往是“有关系”的人才能获得正规贷款。因此，担任村干部或有在政府或金融机构工作的亲戚朋友的农牧户，由于占有相对较多的社会资源和拥有相对较大的社会网络，将更容易获得金融服务，其受到的金融排斥相对要小一些。

4. 区域农村金融发展水平

区域农村金融发展水平可以通过农村金融的存量发展和增量发展两个方面来反映。从存量发展方面来看，农村地区现存的金融机构主要是农村信用社，农牧户到最近农村信用社的距离反映了他们接触金融机构的难易程度，离金融机构越远，农牧户付出的“鞋底成本”越高，获取金融服务的难度也越大。

[1] 本次调查中，农牧户的非农收入主要来源于从事第二、第三产业的务工收入，而非自主创业经营收入，所以对信贷资金的需求较低。

因此，可以预期农牧户到最近农村信用社的距离对其受到金融排斥的作用方向为正。另外，农村信用社提供的金融服务越贴近农牧户的需求，就越能吸引农牧户参与金融活动，预期农牧户对金融机构所提供服务的满意程度这一变量将负向影响农牧户受到的金融排斥。从增量发展方面来看，村镇银行、小额贷款公司等新型农村金融机构的出现，有效增加了农村金融资源的供给，灵活的经营方式也更有利于满足农牧户的金融需求，因此，预期有村镇银行或小额贷款公司对金融排斥的作用系数符号为负。

二、模型设定

在现实的经济决策中，经常会面临许多选择问题，人们需要在可供选择的有限多个方案中做出选择，与通常被解释变量是连续变量不同，这时的因变量只取多个离散的值。在这种离散选择模型中，最简单的情形是在两个可供选择的方案中选择其一，此时被解释变量只取两个值，称为二元选择模型（binary choice model）。目前，对于二元选择问题常用的模型有两种——Probit 模型和 Logit 模型，Probit 模型采用的是累计正态概率函数，Logit 模型采用的是逻辑概率分布函数，两种函数很类似，但是，逻辑概率分布函数在计算上相对容易，所以 Logit 模型常常被用来替代 Probit 模型。根据上文对金融排斥类型的界定，当前中国农牧民受金融排斥的状况可以概括为两种结果：“受金融排斥”（取值为 1）和“没有受金融排斥”（取值为 0），为二元选择变量，因此，本书采用二元 Logit 模型来分析农牧民是否受金融排斥的影响因素。其模型形式为[1]：

$$p_i = F(Z_i) = F(\alpha + \beta X) = \frac{1}{1 + e^{-Z_i}} = \frac{1}{1 + e^{-(\alpha + \beta X)}} \tag{1}$$

其中，e 代表自然对数的底，约等于 2.718。对于给定 X_i，p_i 代表个体做出某一特别选择的概率。

通过上文对农牧户受金融排斥影响因素的理论探讨和在调查过程中掌握

[1] 模型引自于高铁梅．计量经济分析方法与建模：Eviews 应用及实例[M]．北京：清华大学出版社，2007．

的实际情况，可以将模型(1)设定为如下的具体函数形式：

$$\ln\left[\frac{p(Y=1)}{1-p(Y=1)}\right]=\alpha+\beta\boldsymbol{X}+v \tag{2}$$

其中，上式左边是因变量即农牧户受金融排斥的状况，右边的 β 是自变量回归系数组合，二元选择模型中估计的系数不能被解释成为因变量的边际影响，只能从符合上判断。如果为正，表明解释变量越大，因变量取 1 的概率越大；反之，如果系数为负，表明相应的概率将越小。$\boldsymbol{X}$ 是自变量 x_i 的向量组合，其中 $i=1,2,3,\cdots,12$，x_i 表示第 i 个影响农牧户受金融排斥的自变量。

第三节　农牧户受金融排斥影响因素的 Logit 回归分析

一、农牧户个体特征的影响

年龄对农牧户受金融排斥有重要影响。从 Logit 模型估计结果(表 6-4)可以看出，在农牧户个体特征中，年龄在 5%的统计水平下对农牧户受金融排斥有显著的负向影响。这表明，在其他条件不变的情形下，农牧户户主的年龄越大，其受金融排斥的概率越小。这一结果与前文预期该变量的影响方向不一致。究其原因，主要是由于在调查过程中，选择自我主动排斥的调查对象中有 58%的人年龄超过了 60 岁，这种自我主动排斥在本书的分析中并未将其纳入受排斥的行列，所以在回归结果中表现为年龄越大越不容易受到金融排斥。

提高对金融知识的了解程度能够降低农牧户受金融排斥的发生概率。对金融知识的了解程度在接近 10%的统计水平下系数符号为负，这说明，农牧户对金融知识越了解，越不容易受到金融排斥。可能的原因是，对金融知识越了解的农牧户，其主动接触金融机构的意愿和行为发生频率明显高于其他农牧户，从而大大降低了农牧户自我排斥发生的概率。这一点在调查中也得到了印证，调查结果显示，当农牧户对金融知识处在“完全不了解”和“不太了解”状态时，其受金融排斥的发生比例为 64.6%和 75.8%，当农牧户对金融知识“比

表 6-4　二元 Logit 模型估计结果

变量	估计系数	标准差	Z 值
农牧户个人特征			
性别	−0.407	0.230	0.174
年龄	−0.620**	0.248	0.012
对金融知识的了解程度	−0.247*	0.156	0.112
是否是种养大户或个体工商户	0.531	0.424	0.210
家庭资源禀赋特征			
拥有的耕地面积和草地面积	−0.054*	0.029	0.064
农牧户年人均纯收入	−0.026	0.151	0.862
非农收入占总收入的比重	−0.065	0.181	0.720
生产性固定资产数量	0.137	0.126	0.275
社会资本特征			
是否是村干部或是否有在政府或金融机构工作的亲戚朋友	−0.720**	0.301	0.017
区域农村金融发展水平			
是否有村镇银行或小额贷款公司	−0.251	0.280	0.369
农牧户所在村庄到最近的农村信用社距离	−0.007	0.015	0.659
对金融机构所提供服务的满意程度	−0.477***	0.137	0.000
回归标准差		0.491	
残差平方和		68.593	
对数似然比		−201.582	
因变量等于 1 的样本数		203	

注：***、**、*分别表示在 1%、5%和 10%统计水平下显著。

较了解”和“非常了解”时，其受金融排斥的发生比例为 54.1%和 46.5%。进一步通过询问得知，金融知识匮乏的被调查对象一般认为金融机构只对农牧户提供存取款转账业务，不愿意为农牧户提供贷款业务，即使申请也会由于存在各种障碍而难以成功。而对金融知识了解比较多的被调查对象，由于比较熟悉金融机构的业务动态，认为金融机构近几年加大了为农牧户提供服务的力度，比如金融机构提供的小额贷款信贷业务，他们表示如果需要资金可以考虑去金融机构申请贷款，但是希望申请过程不要太复杂。另外，他们也愿意将富余资金存入金融机构，规避风险获取利息。

性别、是否是种养大户或个体工商户则对农牧户受金融排斥没有显著影响。回归结果中，性别的影响方向与预期一致，但是并不显著，其原因可能是样本中女性比例较小，仅占到了25%，不过从系数符号上仍可以认为，相比于男性而言，女性更容易受到金融排斥（本次调查结果显示，男性受金融排斥的发生比例为57.7%，而女性这一比例为67.1%，明显高于男性）。这可能是因为通常在农村地区女性的社会经济地位不及男性，容易受到金融机构的忽视而发生排斥。另外，也有研究（李涛等，2010）认为，女性大多数为风险规避者，因此，金融结构在提供有风险的金融服务时，更容易将女性排斥在营销范围之外。变量“种养大户或者个体工商户”的影响方向与预期不一致，也不显著。很可能是因为鄂尔多斯市和赤峰市两地的民间金融发展迅速，相对正规金融资源的稀缺性，种养大户或个体工商户更容易获取民间金融服务，同时也因为民间金融机构提供的服务具有形式灵活，交易快捷方便等一系列正规金融机构服务所难以比拟的优势，从而使是种养大户或个体工商户的农牧民更愿意与民间金融机构打交道。这在调查地鄂尔多斯市表现得更为明显，该地区由于大规模开采煤炭、天然气等自然资源，近几年又大力发展房地产业，对征地农牧户进行补偿，使社会闲散资金激增，促使民间借贷快速发展，所以该地区种养大户或个体工商户更愿意选择方便快捷的民间金融服务。

二、农牧户家庭资源禀赋特征的影响

家庭拥有耕地和草地面积是影响农牧户受金融排斥的重要因素。在农牧户家庭资产特征中，相对于其他影响因素，农牧户家庭拥有的耕地面积或草地面积这一变量对其受金融排斥的影响则更为显著，且影响方向为负，表明随着农牧户家庭拥有耕地和草地面积的增加，其自身发生被金融排斥的概率也显著的下降。这也进一步印证了本书的调查结果，调查中当农牧户家庭拥有的耕地或草地面积从1亩（1 hm^2＝15亩）向20亩递增时，其发生金融排斥的比例由100%下降为40%，而当规模超过20亩时发生金融排斥的比例下降得更为明显，迅速降到15%以下。这可能是因为目前在农牧区，农牧业生产经营收入仍是农牧户家庭收入的主要来源，而建立在土地资源基础上的生产规模依然是农牧户获得稳定收入的重要保证，对正规金融机构而言，在面对存在较为严重的信息不对称的农村市场时，其倾向于通过农牧户家庭所拥有耕地和草地面积这一显性信息来评估风险，因而更愿意为那些拥有大面积耕地和草地的农牧户提供金融服务。

农牧户年人均纯收入、非农收入占总收入的比重、生产性固定资产数量这三个因素对农牧户受金融排斥的影响均不显著。通过回归结果可以很明显地看到，变量农牧户年人均纯收入、非农收入占总收入的比重、生产性固定资产数量在统计上并不显著，不过各自作用方向表现的并不一致，其中农牧户年人均纯收入、非农收入占总收入的比重对农牧户受金融排斥有着负向影响（调查结果也显示，当农牧户年人均纯收入、非农收入占总收入的比重上升时，其受金融排斥的比例是趋于下降的），而生产性固定资产数量则有着正向影响。这主要是由于随着农牧户年人均纯收入的提高，受现有土地制度的限制，其从事农牧业生产的规模难以持续扩大，因此，农牧业再生产所需资金一般都能通过自有资金来得到满足，而不用求助于金融机构。农牧户非农收入占总收入的比重的扩大，则说明其家庭成员主要从事非农生产，而当前中国农牧民从事非农生产主要是外出务工，而这一生产形式对资金的需求弹性很小，所以发生金融排斥的风险概率很小。另外，生产性固定资产数量对农牧户受金融排斥有着正向影响，这表明生产性固定资产越多，农牧户发生金融排斥的风险概率也就越大，这可能是因为生产性固定资产越多，表明农牧户生产投资规模就越大，从而对金融服务的需求就越强，但由于生产性固定资产的变现能力差，使得农牧户现金流动性不足、偿债能力不强，从而一旦发生经营风险，违约的概率就很大，这些特征使得生产性固定资产数量越多的农牧户越容易受到金融机构的排斥。

三、农牧户社会资本的影响

在农牧户家庭社会资本中，是否是村干部或是否有在政府或金融机构工作的亲戚朋友对农牧户受金融排斥的影响在5%的水平下显著，且作用方向为负，表明在其他因素不变的前提下，如果农牧户自身是村干部或有在政府或金融机构工作的亲戚朋友，受金融排斥的概率就会显著低于其他农牧户（调查结果显示，当农牧户自身是村干部或有在政府或金融机构工作的亲戚朋友时，其发生金融排斥的比例为41.2%，远低于农牧户自身不是村干部或没有在政府或金融机构工作的亲戚朋友时66.4%的比重）。可能的解释是在中国农村金融发展的现阶段，由于农村金融市场发育不完善，供求双方存在严重的信息不对称，并且地方政府职能的不健全，使得社会资本在一定程度上有助于消除信息不对称，起到促进资源分配的作用。具体到本研究而言，作为村干部的农牧户发生金融排斥的概率要显著低于非村干部农牧户，从农牧户角度看，这有些不公平，但从金融机构提供金融服务的安全性出发点来看，偏向他们是理性的反应（朱喜等，2009）。村干部往往由于工作关系与金融机构打交道比较频繁，双方都掌握着对方比较多的信息，同时村干部一般都拥有固定的收入来源和不错的社会声望，发生违约风险的概率小，自然会受到金融机构的青睐。而与此类似，有在政府、金融机构工作的亲戚朋友的农牧户，更容易从金融机构获取有关信息，而金融机构由于通过农牧户亲戚朋友这一“中间人”关系也偏向于为这类群体提供金融服务，实际上这些在政府、金融机构工作的亲戚朋友在农牧户获取金融服务过程中起到了担保人的作用。

四、区域农村金融发展水平的影响

对金融机构所提供服务的满意程度对农牧户受金融排斥有着显著影响。在区域农村金融发展水平中，对金融机构所提供服务的满意程度这一指标在1%的水平下显著，并且方向为负，表明随着农牧户对金融机构服务满意度的上升，其发生金融排斥的概率显著下降。在调查过程中，可以很明显地感觉到曾经享受过农村金融机构提供服务的农牧户，其对金融机构服务的满意度也明显高于没有享受到的农牧户，同时他们受金融排斥的自我感觉也明显低于其他农牧户（本次调查结果显示，当农牧户对金融机构服务由“很不满意”上升为“很满意”时，其受金融排斥的比例由64.3%下降为22.2%。）。这也在一定意义上说明，如果农村金融机构进一步扩大金融服务对象的广度，能够显著降低农牧户受金融排斥的程度。

是否有村镇银行或小额贷款公司、农牧户所在村庄到最近农村信用社的距离对农牧户受金融排斥影响并不显著。是否有村镇银行或小额贷款公司这一影响因素虽然系数符号为正，但并不显著，说明随着农村金融体制的不断创新，像村镇银行、小额贷款公司这类新型农村金融机构的出现正在潜移默化地影响着农村金融资源的配置效率，不同程度上拓展了农牧户的金融借款渠道，缓解了农牧户受金融排斥的程度。调查显示，当农牧户所在地区有村镇银行或小额贷款公司等新型金融机构时，其受金融排斥的比例由没有时的66.8%降为50.4%，但由于这些面向农村市场的新型金融机构和金融服务仍处于小范围试点阶段，受现有政策和发展规模的限制，辐射范围有限，所起的作用也十分有限，所以对农牧户受金融排斥的影响并不显著。此外，农户家庭到最近的农村信用社距离这一影响因素在本书中并不显著，一种可能的解释就是近年来中国农村基础设施建设不断推进，“村村通”工程减少了农牧户出行的时间和成本，所以这一因素对农牧户金融排斥的影响已经慢慢消失。

第四节　本章小结

本章以内蒙古赤峰市和鄂尔多斯市两地为调查区域，在对农牧户受金融排斥类型分类的基础上，对农牧户受金融排斥的影响因素进行分析。

首先是对农牧户受金融排斥的类型、表现与形成原因进行分析，总结出目前中国农牧户受到的金融排斥主要有两类，一类是储蓄排斥，一类是信贷排斥。储蓄排斥因其表现形式不同又进一步细化为自我被动排斥、地理排斥和营销排斥；信贷排斥因其表现形式不同又进一步细化为数量排斥、成本排斥、条件排斥和自我被动排斥。

基于农牧户受金融排斥的分类，本章选择农牧户是否受金融排斥为因变量，选择农牧户个人特征（包括性别、年龄、对金融知识的了解程度、是否是种养大户或个体工商户）、家庭资源禀赋特征（包括拥有的耕地面积和草地面积、农牧户年人均纯收入、非农收入占总收入的比重、生产性固定资产数量）、社会资本特征（包括是否是村干部或是否有在政府或金融机构工作的亲戚朋友）和区域农村金融发展水平（包括是否有村镇银行或小额贷款公司、农牧户所在村庄到最近的农村信用社距离、对金融机构所提供服务的满意程度）为解释变量，运用二元Logit模型对农牧户受金融排斥的影响因素进行了实证分析。

最后得出如下主要结论：

(1)农牧户在不同程度上受到了金融排斥，但不同农牧户受金融排斥的类型是存在差异的，当前农牧户受到的排斥多为信贷排斥，而信贷排斥中又以自我被动排斥和数量排斥为主。

(2)在影响农牧户受金融排斥的诸多因素中，年龄、对金融知识的了解程度、拥有的耕地面积和草地面积、是否是村干部或是否有在政府或金融机构工作的亲戚朋友以及对金融机构所提供服务的满意程度这五个变量影响显著，且系数符号为负，而性别、农牧户年人均纯收入、非农收入占总收入的比重、是否有村镇银行或小额贷款公司这四个变量虽然作用方向与预期一致，但其影响并不显著。此外，是否是种养大户或个体工商户、生产性固定资产数量、农牧户所在村庄到最近的农村信用社距离这三个变量的影响既与预期方向不一致，也不具有统计显著性。

第七章　金融排斥对农民工创业意愿的影响分析

农民工[1]作为我国所特有的一个社会群体，具有2亿多人的庞大规模，农民工已成为支撑我国工业化发展的重要力量。根据第5次人口普查资料，农民工在第二产业从业人员中占58%，在第三产业从业人员中占52%。涉及农民工的每一个问题都会对我国的经济社会发展产生重大的影响。毫无疑问，农民工的问题不仅是其自身的生存发展问题，更是一个影响深远的社会问题，其实质是中国农民的非农化、现代化问题。农民非农化的主要途径就是使大量的农民工在城市中沉淀。要实现农民工的城市沉淀，最主要的是解决他们的生存问题。

农民工创业是一条实现城市沉淀的主要途径，但是农民工在创业过程中面临着诸多的制约因素，其中，金融排斥就是一个重要的影响因素。本章通过以北京市美发服务行业的农民工创业意愿调查结果为基础，分析影响农民工创业意愿的金融排斥因素，最后针对这些影响因素提出政策建议。虽然本章

[1] “农民工”是我国经济社会转型时期的特殊概念，是指户籍身份还是农民、有承包土地，但主要从事非农产业、以工资为主要收入来源的人员。狭义的农民工，一般指跨地区外出进城务工人员。广义的农民工，既包括跨地区外出进城务工人员，也包括在县域二、三产业就业的农村劳动力。（中国农民工问题研究总报告起草组，2006）。本书研究的农民工为狭义农民工。

仅针对美发行业农民工创业过程中遇到的金融排斥现象做了部分调查研究，但据已有的研究和笔者的了解来看，在其他行业的农民工也普遍存在类似的问题。因此本章的研究对解决不同行业农民工创业问题、缓解农民工受到的金融排斥都具有借鉴意义。

一般认为金融排斥包括地理排斥、评估排斥、条件排斥、价格排斥、营销排斥和自我排斥。地理排斥指被排斥对象由于地处偏远地区，金融机构服务网点欠缺，无法就近获取金融服务，要获得金融服务会增加信贷双方的交易成本，从而受到排斥。评估排斥指主流金融机构通过风险评估手段对经济主体施加的准入限制，将弱势群体人为地排斥在金融服务的外围。条件排斥指对经济主体获取金融产品的附加条件不尽合理，比如需要担保、抵押、信用评级等。价格排斥是指金融产品价格过高而超出了某些经济主体的偿付能力，将这些主体排斥在外。营销排斥指主流金融机构的目标营销策略，往往在金融服务目标确定时就将一部分群体有效排斥在外。自我排斥则与被排斥主体的自身经历和心理因素相关，往往是在受到前几种排斥潜移默化的影响下，被排斥主体主动将自身排斥在主流金融体系之外。以上几种排斥并不存在严格意义上的独立性，在现实中往往是相互影响，共同作用。因此，实际研究中并不能将其各自的作用程度严格地区分开来，只能通过特定的分类标准和结合被调查对象的主观感受来判断各自的作用方式和影响程度，它们共同构成金融排斥的复杂集合。

国内外已有不少学者对我国农民工的金融问题进行了相关研究，但大部分研究主要集中在改善农民工的金融服务上。国内学者陈东风、高葵(2006)就农民工金融服务状况进行了专项调查，提出了为农民工提供优质、便捷金融服务的相关建议。周建春(2007)总结了农民工创业贷款难的直接原因：一是信息不对称，二是条件不具备，三是环境不支持，四是服务不到位。俞德洪(2007)从金融的角度关注弱势群体，分析了农民工对金融服务的需求及制约因素，提出了改进农民工金融服务的建议。金晓燕、凌海波(2008)在分析浙江省农民工金融服务现状及农民工金融服务需求状况的基础上，提出加强农村金融机构基础设施建设，改善农民工金融服务的对策建议。这些研究为我国应继续加强针对农民工的金融服务提供了理论依据，但这些研究大多局限于宏观层面的分析，并没有针对农民工在创业过程中遇到金融排斥这一现象的微观层面的具体分析，由于研究对象和目标的差异导致制定的政策针对性和有效性不强，对于农民工创业的帮助有限。但是上述研究为本书研究的开展提供了理论和方法上的借鉴，不过，由于这些研究大都是对国外研究的引进和介绍，还处在理论分析阶段，缺乏针对国内实际情况的深入研究，只有极少数学者在这方面做了些零散的研究，特别是针对农民工这一特殊群体的金融排斥的研究，国内学者鲜有涉及。恰是这种局限性为本书的研究提供了切入点——将金融排斥的理论应用到农民工创业过程中制约因素的分析中。

第一节　样本调查情况

一、调查样本概况

在我国，美发服务业是农民工所从事的几个主要行业之一，其从业人员多为农民工并且以青壮年劳动力为主。他(她)们有着典型的新生代农民工的特点：有文化，一般读到初中毕业，其中不少人还是高中毕业生。这部分群体基本上没有种过地，并且不想再务农，其生活习惯和行为方式日趋城市化。他(她)们中许多人在走出农村后就没有想过再回去，大都想通过自己的努力，成为城市中的一员，并且在进入此行业之前就有明确的目的，即通过学习技术，最终实现自己创业的目标。因此，新生代农民工既不同于第一代农民工(第一代农民工既从事农业生产又外出务工，回乡生活意愿比较强烈)，也不同于从事农业生产的农民，新生代农民工想通过创业融入城市的愿望要远远高于第一代农民工。因此，本书选择在城市务工的农民工中有创业意愿或进行创业过程中受到过金融排斥的群体作为研究对象。

本研究所选取的具体调查对象是美发服务行业农民工，第一次调查样本数为 342 人，第二次调查样本数为 202 人。调查对象主要来自河南、安徽、湖北、河北、山西、辽宁等农民工输出大省。因此，本研究所选取的行业和具体调查对象在一定意义上可以看作是当前农民工发展现状的一个缩影，调查对象所具有的代表性为本书研究结果的普遍适用性提供了可靠的保障。调查样本的基本情况见表 7-1。

表 7-1 调查样本的基本情况

样本	经营时间	店长	主管	收银员	首席发型师	高级发型师	助理	店员总人数	男店员数	女店员数
1	4	1	1	1	3	12	4	22	16	6
2	6	1	1	1	1	8	3	15	9	6
3	3.5	1	1	1	2	9	4	18	13	5
4	7	1	1	1	3	10	4	20	14	6
5	5	1	1	1	2	8	3	16	10	6
6	7	1	1	1	3	9	4	19	12	7
7	5	1	1	1	3	13	4	23	18	5
8	4	1	1	1	2	8	4	17	11	6
9	3	1	1	1	2	12	5	22	16	6
10	6.5	1	1	1	3	9	4	19	11	8
11	2.5	1	1	1	3	8	4	18	13	5
12	7	1	1	1	4	13	6	26	18	8
13	6	1	1	1	2	12	5	22	14	8
14	3	1	1	1	2	8	4	17	11	6
15	5	1	1	1	3	10	6	22	16	6
16	4	1	1	1	2	11	5	21	14	7
17	7	1	1	1	3	13	6	25	17	8
平均值	5.03	1.00	1.00	1.00	2.53	10.18	4.41	20.12	13.71	6.41
总数		17	17	17	43	173	75	342	233	109

二、调查方法

本书选择问卷调查和访谈相结合的方法，共进行了两次调查。

第一次调查将问卷发放给店里的所有员工，主要目的是从中筛选出有创业意愿的样本。

第二次调查针对第一次调查筛选出来的样本进行，主要调查在进行创业中可能存在的金融排斥因素。在进行第二次调查之前，对一部分调查对象进行了访谈，从而确定金融排斥是创业中的制约因素，然后设计了第二次调查的问卷。

第二节　调查分析

第一次调查结果见表 7-2，在此基础上筛选出符合以下标准的第二次调查对象：①调查对象来自农村或城市郊区；②调查对象有创业意愿。

表 7-2　第一次调查结果

项目	调查人数①	有创业意愿的人数②	符合第二次调查标准的人数③	所占比率（③/①）/%
店长	17	9	8	47.06
主管	17	7	5	29.41
收银员	17	8	6	35.29
首席发型师	43	29	23	53.49
发型师	173	157	141	81.50
助理	75	22	19	25.33
店员总人数	342	232	202	59.06
男店员数	233	199	182	78.11
女店员数	109	33	20	18.35

从表 7-2 中可以得出：具有创业意愿的比率为 59.06%，占到一半以上，其中发型师创业意愿最高，主要原因是发型师平均工作年限在 3～4 年，在这期间积累了一定的经验和资金，但是其收入和地位又不及首席发型师高，且晋升的概率不大，只有很少的特别优秀的发型师才能升到有严格人数限制的首席职位。由于受到这些原因的影响，发型师具有较高的创业意愿。其次，首席发型师平均工作年限在 5 年以上，并且经验和收入都比发型师高，但是创业意愿却没有发型师高。通过进一步的了解得知，首席发型师工作到一定年限后，并且工作能力突出的就可以获得公司的股权激励，这项政策削弱了其创业意愿。但是从另一方面考虑，这种制度也是一种收入保障，可以使这部分人获得稳定

且较高的收入，有利于他们的城市沉淀。店长的创业比率也较高，经过进一步访问得知，店长创业一般都是兼业性质，还从事除美发以外的行业，其主要考虑是规避风险，增加收入来源。其余人员按照创业意愿由强到弱依次是主管、收银员、助理。需要说明的是，在美发机构内部，有着明显的等级层次，一般而言从高到低依次为店长、主管、首席发型师、发型师、助理和收银员。因此，创业意愿呈现出典型的“纺锤”结构。另外，男店员创业比率明显高于女店员；经过进一步访谈得知，目前在美发行业中男性已经占据绝对主导地位，女性一般从事的是主管、收银员和助理的工作，技术含量较低，她们一般只是为了积攒一些积蓄为将来婚嫁做准备，很少进行单独创业。男性的创业意愿较高的另一个原因是，他们的年龄大多集中在18～27岁之间，多数还没有成家立业，希望能够通过创业，积累一些财富，为将来成家和供养家庭做准备，这在新生代农民工中具有普遍性。

第二次调查前访谈总结出的样本认为创业中存在的制约因素主要集中在三个方面：一是缺乏资金，二是缺少管理经验，三是担心不能承受风险。针对本书的研究目的，对缺乏资金的制约因素进行了第二次调查，调查结果见表7-3。

从第二次调查结果中可以看到：在“缺少资金是否是创业的制约因素”一项中82.68％的调查对象选择了“是”，可见缺少资金是大多数农民工创业的一个主要制约因素。在创业资金来源一项中62.21％的调查对象选择了“自有资金＋亲戚朋友借入资金”，明显高于“自有资金＋亲戚朋友借入资金＋金融机构借入资金”，可以判断出农民工在创业过程中显然不将金融机构作为主要的资金获得渠道，而更加愿意进行内源性融资。而且经过进一步的访谈得知，代际转移现象也比较普遍，第一代农民工积攒的积蓄也成为内源融资的一个重要部分。调查中没有设置“自有资金＋金融机构借入资金”一项，原因是在访谈中获知，农民工仍然保持着传统的借贷模式，在出现资金短缺时，首先考虑到的是亲戚朋友，依赖“地缘、血缘”关系，很少会考虑到金融机构，“惧贷”情绪明显，隐含着自我排斥的倾向。另外，从创业方式的选择上，选择合伙的比例高达62.99％，进一步了解，调查对象选择此种方式一方面是为了分散风险，另一方面也是为了缓解资金不足。

表 7-3　第二次调查结果

项目	选项	人数	所占比率/%
缺少资金是否是创业的制约因素	是	167	82.68
	否	35	17.32
创业地点选择	工作所在地	109	54.33
	家乡所在城镇	65	32.28
	其他	28	13.39
创业方式	个人	75	37.01
	合伙	127	62.99
创业资金来源	自有资金	35	17.32
	自有资金＋亲戚朋友借入资金	126	62.21
	自有资金＋亲戚朋友借入资金＋金融机构借入资金	41	20.47
从金融机构获得资金的障碍	地理排斥	142	84.76
	评估排斥	121	72.38
	条件排斥	145	86.67
	价格排斥	59	35.24
	营销排斥	110	65.71
	自我排斥	129	77.14

注:调查结果中的创业资金来源和从金融机构获得资金的障碍项目结果总和并不是100%,主要是调查样本存在复选的情形。在调查过程中,将金融排斥的几种表现形式做了通俗化解释,以便增强调查对象的理解。

在创业地点的选择上,54.33%的调查对象选择在工作所在地,这与以往的相关研究结果有所偏差,以往的研究中农民工多是回乡创业,可能是新生代农民工的特点已经明显不同于第一代农民工,所以选择也有所不同。而正是这个特点催生出了农民工在创业过程中的地理排斥,认为受到地理排斥的农民工多数选择在工作所在地创业。不过,由于农民工的户籍限制和流动性强的特点，在工作所在地很难获得金融支持，而户籍所在地又不愿意将款项贷给监测能力无法达到的范围。这种地理排斥不完全等同于金融排斥概念中的地理排斥，更类似于地理排斥、条件排斥、营销排斥共同作用的结果。

评估排斥和地理排斥具有相互影响的作用，选择了地理排斥的人，也基本上选择了该项，主要由于农民工多为外来务工人员，金融机构和农民工之间的信息不对称，信贷交易成本过高，风险无法有效控制，甄别困难，金融机构多持风险规避态度，并且由于目前我国征信制度尚未建立，农民工自己也无法提供有效的信用评级去争取金融支持。

条件排斥一项调查中，调查对象普遍认为这一项是最主要的制约因素，他们基本上都不具备金融机构所要求的担保、抵押等条件要求，虽然也有些调查对象认为现行的小额贷款对他们创业会有很大帮助，可是为他们讲述了小额贷款的信贷条款中涉及的信贷额度、还款期限、小组联保等要求，一些调查对象也打消了这种想法。但也有几个特例，他们认为可以从金融机构获得贷款，经过进一步的访谈获知他们的亲戚中有在金融部门工作的，可以通过内部关系获得贷款。这也从另外一个角度说明，社会资本不足进一步增加了农民工从金融机构获取贷款的难度。

价格排斥一项的比率很低，从而可以看出调查对象对于信贷的费用支出并不是无法接受。这似乎不符合我们所熟知的需求定律原则。经过分析后，发现美发行业的盈利速度很快，只要能够正常运营，基本上对于偿还贷款压力不大。资金的短缺影响远远超过了获取贷款的成本费用对创业意愿的影响。另外一些调查对象反映，如果能在银行获得贷款，而不需要支付额外的费用，还是比从民间借贷获得的贷款利率要低。进一步对一些选择了“自有资金＋亲戚朋友借入资金”的调查对象的访谈中获知，现在从亲戚朋友得到的资金，如果是用于婚丧嫁娶、治病等还不需要支付利息，而要是用来创业或投资一般都会要求支付一些利息，利率一般是按照银行利率稍高一些计算。这种现象的出现，进一步证明了我国民间借贷已经从“亲缘信用”向“契约信用”过渡。现在从亲戚朋友处借入资金也不是一件容易的事，由于经常发生借贷不还的现象，这种道德风险使得亲戚朋友借钱也越来越谨慎，他们会从借贷者从事的行业、人品道德、家庭环境、社会背景、关系疏密等多方面来衡量。

营销排斥和自我排斥两项也是比较相关的，所占比率分别是65.71%和77.14%。自我排斥引致调查对象选择营销排斥，调查对象普遍认为金融机构不太愿意给他们提供服务，有的甚至反映不仅获得贷款没有可能，有时甚至去存取款还会受到歧视，这又进一步加深了自我排斥。营销排斥不仅是在金融机构的规则中而且也在借贷者的心理中存在。内因和外因的相互制约使得农民工在创业过程中的金融排斥现象尤为严重。

从两次调查的结果和对调查对象的访谈中可以看到：美发行业农民工创业的意愿很强，希望通过自己的努力融入城市生活，沉淀在城市里。然而，实际情形是，尽管农民工工作所在地多是经济发达城市，这些区域的金融环境要远远好于他（她）们的户籍所在地（农村地区），正是在这种光怪陆离的表象下，使他（她）们往往产生这样一种错觉：金融机构数量越多，服务种类越多，他（她）们越容易得到金融支持。其实则不然，由于金融机构出于对成本和风险的控制，在借贷条件和营销目标设定之初就已经将农民工群体排斥在外。由于供给和需求的错位产生了严重的金融排斥。所以，一旦真正着手创业，在初始阶段他（她）们就会受到很多制约。

本章所讨论的金融排斥是其中一个不容忽视的制约因素，如果这个制约因素能够得到缓解，农民工的创业意愿还会有所提高，创业的成功率也会相应提高。农民工创业成功，不仅起到带头示范作用，有利于加快农村剩余劳动力的转移；而且还具有辐射作用，一个农民工创业会增加3～5个就业岗位。这些不仅有利于缓解农民工失业问题对经济社会发展带来的压力，而且还有利于缩小我国的城乡差距，加快城镇化建设。所以对于农民工创业，各级政府和相关部门必须给予高度的重视和关注，应及时有效地解决创业中的制约因素。

第三节　本章小结

本章主要是分析在农民工通过创业实现城市沉淀过程中，由于金融排斥现象引起的创业困难问题。虽然本章仅针对美发行业农民工创业过程中遇到的金融排斥现象做了部分调查研究，但据已有的研究和笔者的了解来看，在其他行业的农民工也普遍存在类似的问题。不同于第一代农民工的是，大多数新生代农民工更愿意在工作所在地创业，但现实的政策导向更偏向于支持农民工回乡创业。笔者认为，农民工回乡创业和就地创业在制度安排上应放到同等重要的地位，二者不能偏废。因此本书从回乡创业和就地创业两个角度提出解决创业过程中的金融排斥问题。

首先通过对北京市美发服务行业的农民工创业意愿进行调查，调查对象选取了店长、主管、收银员、首席发型师、发型师、助理，调查结果显示，有创业意愿的比率占到总调查对象的 59.06%，由于发型师的收入和地位不及首席发型师高，且晋升的概率不大，只有很少的特别优秀的发型师才能升到有严格人数限制的首席职位，受到这些原因的影响，发型师具有较高的创业意愿。依次是首席发型师、店长，而且男性店员的创业意愿明显高于女店员。

然后在创业意愿调查结果的基础上，选择满足来自农村或城市郊区和调查对象有创业意愿两个条件的调查对象了解农民创业过程中的主要制约因素。调查结果显示制约农民工创业的因素主要有三个方面：一是缺乏资金，二是缺少管理经验，三是担心不能承受风险。其中认为缺乏资金是创业的主要制约因素的占到调查总数的 82.68%。

最后针对缺乏资金这一创业制约因素进行了二次调查。调查结果显示，农民工创业过程中受到了严重的金融排斥，其中地理排斥占到 84.76%，评估排斥占到 72.38%，条件排斥占到 86.67%，价格排斥占到 35.24%，营销排斥占到 65.71%，自我排斥占到 77.14%。

通过上述分析，本章得出如下主要结论：

(1)农民工创业中的地理排斥主要是由于工作所在地远离户籍所在地，户籍所在地金融机构无法对其进行有效监控，出于对风险控制的考虑，所以对其产生地理排斥。

(2)金融机构的评估排斥、条件排斥和营销排斥更容易相互关联，在农民工创业过程中，无论是户籍所在地还是工作所在地的金融机构在对其进行评估后，认为农民工创业的高风险性，往往会设置较高的准入门槛，在具体营销过程中，也直接将农民工这一目标群体屏蔽，于是评估排斥、条件排斥和营销排斥相继发生。

(3)金融排斥中的价格排斥较低表明农民工对于信贷费用支出并不是无法接受,资金的短缺影响远远超过了获取贷款的成本费用对创业意愿的影响。

(4)自我排斥和营销排斥相互交织在一起,调查对象自我意识金融机构不愿意为农民工提供服务导致了接触了解金融服务机会减少,金融机构的门槛限制又加强了农民工的自我排斥。

第八章　结论及政策建议

第一节　主要结论

基于对中国农村金融排斥问题的研究，本书得出以下主要结论：

第一，从目前中国农村金融的发展来看，当前农村金融对农业发展作用显著但其支持力度远远不够。从相对量来看，农业贷款占全部贷款机构贷款的比重也呈下降趋势，相对于中国金融发展水平，金融对农业支持的力度明显不足。造成这一问题的重要原因就是在中国金融发展过程中，存在金融发展不平等、离农和排斥现象。从金融发展差异来看，整体金融和农村金融均呈现波动性上升趋势，并且农村金融发展差异明显高于整体金融发展差异，我国金融发展一直处于不平等发展的状况，农村金融发展不平等状况尤为突出。金融发展不平等的根本原因是由于农业与非农业部门比较而言，部门间经济效益的巨大差异，导致了金融资源严重的倾斜流动。金融资源部门之间的流动，一方面打破了部门之间的资金供求的静态平衡，另一方面也扩大了两部门之间的差距，从而产生了金融资源配给的马太效应，使金融资源向非农业部门流动趋势进一步加剧，金融部门排斥农业的情形愈加明显。从金融扭曲度的计算结果来看，农业部门受到金融排斥的状况可以分为两个阶段，第一阶段

(1991—1999 年)，这一时期金融扭曲度偏离平衡值 1 的程度较大，金融部门更加倾向于对非农经济的支持，金融排斥的程度最高时达到 2.28，均值为 0.71。第二阶段(2000—2008 年)，这一期间金融部门对农业经济的排斥程度有所降低，金融排斥的程度最高为 0.45，均值为－0.06。

第二，在中国农村金融配置过程中，从农村金融资源供给来看，农村金融供给并未完全脱离政府政策的干预。但是在市场经济的冲击下，农村金融机构又以追求经济利益最大化为目标，导致农村金融供给主体在政治利益和经济利益之间权衡得失，摇摆不定。从农村金融需求来看，不同收入层农户的资本积累状况、风险承受能力存在一定的差异性，对金融资源的需求强弱不一，但农村金融机构通常将其统一定义为高风险、低收益群体，从而在金融资源配置过程中排斥农民，割裂了农村金融需求与供给之间的联系。通过重新构建不同收入层农户的借贷违约风险结构模型，测定出在农村金融市场中，借贷农户的违约风险排序为：$S_1(p_1) < S_2(p_2) < S_3(p_3)$，即违约风险最高的是低收入层，违约风险最低的是高收入层。基于不同的违约风险，农村金融资源在配置过程中，金融资源倾斜流向高收入层，高收入层最不容易受到金融排斥。中等收入层金融资源的利用效率最高，但是却最容易受到农村金融机构的供给排斥。低收入层对金融资源的有效需求不足，受到的金融排斥更多地表现为自我排斥。正是由于农村金融资源配置目标偏离了最有活力的中等收入层农户，最终导致了农村金融资源利用的低效。

第三，现有的农村金融资源供给主体为了避免逆向选择和道德风险等问题，在金融资源分配中对农村微观经济主体实施数量配给、成本配给和风险配给，导致农村微观经济主体受到严重的金融排斥，其金融诉求长期得不到有效满足。通过对内蒙古自治区赤峰市和鄂尔多斯市两地农牧户的实地调查显示，农牧户目前普遍受到较为严重的金融排斥，受金融排斥的类型主要是储蓄排斥和信贷排斥。农牧户储蓄排斥表现为自我被动排斥、地理排斥和营销排斥，农牧户信贷排斥表现为数量排斥、成本排斥、条件排斥和自我被动排斥。在影响其受金融排斥的诸多因素中，年龄、对金融知识的了解程度、拥有的耕地面积和草地面积、是否是村干部或是否有在政府或金融机构工作的亲戚朋友以及对金融机构所提供服务的满意程度这五个变量影响显著，且系数符号为负，而性别、农牧户年人均纯收入、非农收入占总收入的比重、是否有村镇银行或小额贷款公司这四个变量虽然作用方向与预期一致，但其影响并不显著。此外，是否是种养大户或个体工商户、生产性固定资产数量、农牧户所在村庄到最近的农村信用社距离这三个变量的影响既与预期方向不一致，也不具有统计显著性。

第四，农民工城市融入的一个有效途径就是创业，但是缺少资金已经成为农民工创业过程中的制约瓶颈。在对北京市美发服务行业的农民工创业意愿调查结果中82.68%的调查对象选择缺乏资金是制约创业的主要因素。在创业资金来源一项中62.21%的调查对象选择了“自有资金＋亲戚朋友借入资金”，明显高于“自有资金＋亲戚朋友借入资金＋金融机构借入资金”，可以判断出农民工在创业过程中显然不将金融机构作为主要的资金获得渠道，而更加愿意进行内源性融资，普遍认为金融机构排斥农民工，不愿意为农民工提供金融服务。地理排斥、评估排斥、条件排斥、价格排斥、营销排斥和自我排斥是农民工创业中受到的主要金融排斥形式。农民工创业中的地理排斥主要是由于工作所在地远离户籍所在地，户籍所在地金融机构无法对其进行有效监控，出于对风险控制的考虑，所以对其产生地理排斥。金融机构的评估排斥、条件排斥和营销排斥更容易相互关联，在农民工创业过程中，无论是户籍所在地还是工作所在地的金融机构在对其进行评估后，认为农民工创业的高风险性，往往会设置较高的准入门槛，在具体营销过程中，也直接将农民工这一目标群体屏蔽，于是评估排斥、条件排斥和营销排斥相继发生。金融排斥中的价格排斥较低表明农民工对于信贷费用支出并不是无法接受，资金短缺的影响远远超过了获取贷款的成本费用对创业意愿的影响。自我排斥和营销排斥相互交织在一起，调查对象自我意识金融机构不愿意为农民工提供服务导致了接触了解金融服务机会减少，金融机构的门槛限制又加强了农民工的自我排斥。

第二节　政策建议

根据以上分析，针对中国农村金融排斥问题，本书提出如下政策建议：

第一，在农业经济增长过程中，随着金融改革市场化进程的不断推进，金融市场竞争愈加激烈，比较效益低、风险大的行业部门自然会日益遭受到金融机构的排斥，因此，农业与生俱来的弱质性首当其冲的会遭到以逐利为己任的金融企业的排斥。对金融部门而言，金融资源在不同行业的不平等配置，其摒弃农业的行为特征符合“收益最大化、风险最小化”的市场运行机制。从社会发展的角度来看，增加对农业的投入，可以提高农业部门的生产力，增加农民收入，不仅会带来经济利益，还能带来较大的社会效益。但是，金融供给主体的逐利性与农村金融主体需求的公益性，二者之间并不对等，单纯的市场化供给，必将带来严重的市场失灵，供给与需求二者之间的错位需要政府的介入。不过，在市场经济环境下，政府和金融机构作为农村金融市场上两个独立的行为主体，其目标函数并不一致。对政府而言，作为国家利益的代表，必然会从国家层面上将农业的稳定和发展纳入到保障社会可持续发展的高度上加以考虑，追求社会效益、经济效益的综合效用最大化；对商业化金融机构而言，其做出的经营决策注重的是自身的生存与发展，其经营行为和投资偏好必然追求的是自身效益的最大化，二者的目标收益并不对等。在没有行之有效的制度安排下，这会使金融机构在经营决策过程中将社会效益大而经济效益并不占优势的农业部门排除在可选择的经营集合之外。因此，要想使金融机构和政府的目标收益一致，政府应对其进行政策诱导，对其在服务“三农”过程中所产生的社会效益“增值”视为一种对政府主体利益的“贡献”，但这同时也意味着金融机构自身利益的“外在性”损失。对此，政府应根据获得的“贡献”值大小对其“外溢收益”予以补偿，将这部分利益通过一系列的扶持政策转换为经济上的表现形式返还给金融机构，以调动其服务“三农”的积极性。因此，缓解农村金融对农业经济的排斥程度，必须在坚持金融市场化改革的大环境下，处理好政府与市场的行为边界，找到政府与金融机构二者利益的平衡点，构建一个多元化的农村金融体系，形成自然合理的农村业务分层，建立成本收益和比较优势相结合的竞争结构，这将成为解决农村金融排斥的关键之所在。

第二，在中国农村金融资源配置过程中，农村金融资源的配置取决于农村金融资源需求和供给之间的相互作用，农村金融排斥究竟是信贷约束还是自我约束都离不开对金融资源需求主体的特征差异分析，在没有明确不同收入层农户金融资源需求特征的情况下，单纯依靠增加农村信贷投入的数量，而不考虑信贷分配效率，不仅造成资源的极大浪费，而且对准确定位农村金融排斥主体，缓解金融排斥程度也是低效的。因此，建立多元化格局的农村金融体制，改变农村金融资源配置的基本模式，适应农户多样化的金融需求，对提高金融资源配置效率、缓解金融排斥可能更为有效。具体而言，对于高收入层农户，他们有一定的资本积累，能够满足信贷抵押要求，借贷资金多用于生产性投资，经营风险相对较小，更适宜于现有商业性的农村金融模式，但是相对服务城市而言，服务农村的金融机构的比较收益仍然是较低的，这就需要政府按照农村金融服务“三农”的“业绩”提供一定扶助和补贴，调动商业银行服务“三农”的积极性。对于中等收入层农户，他们资本积累不足，几乎无法提供正式的信贷抵押物但又具有一定的偿债能力，其借贷资金既要用来维持生产又需要平滑消费，不确定性较大，但是信贷的使用效率却最高。目前，我国农村地区开展的中小金融机构，如村镇银行、农村资金互助社、小额贷款公司等的经营特点对这一阶层更为有利，但是为了降低借贷过程中的道德风险和避免逆向选择问题常导致中小金融机构发生“偏农脱农”行为，因此，需要通过给予政策性优惠，建立金融保险配套机制，降低中小金融机构的贷款风险来增强其服务的主动性和积极性。对于低收入层农户，他们的资金需求更主要是用来维持生存性消费，对这一阶层，任何具有商业属性的金融模式都不适应，他们一方面表现为信贷需求弹性为零，不接触任何信贷资源，仅维持现有生存状态，变动意愿不强；另一方面表现为信贷需求弹性为无限大，为了平滑突发性消费，他们可以接受高成本的信贷资金，并且多数情况以违约而告终。对于以营利为目的的金融机构而言，这一阶层绝对不会是他们首选的目标客户群，扶贫式的资金支持模式可能更为有效，但是也要防止产生过度依赖行为，扶贫资金支持模式要从“输血模式”转化为“造血模式”。综合看来，只要理顺了农村金融资源配置过程，明确农村金融排斥的主要群体和排斥类型，也就确定了不同收入层农户受到金融排斥的程度和类型，从而可以通过构建多元化的农村金融体制、探索一对一的资源配置模式来有效缓解供需错位所导致的农村金融资源配置效率低的现实。

第三，在缓解农牧户受金融排斥情况中，应该注意到受不同类型金融排斥的农牧户具有不同的金融诉求，政府及相关部门在制定有关缓解金融排斥的政策措施时，要对不同的受金融排斥的农牧户进行分类并区别对待。金融机构在提供金融服务时，同样要为受金融排斥不同类型的农牧户提供不同的金融服务，从而提高金融服务的针对性和有效性。虽然不同的因素对农牧户受金融排斥有着不同程度的影响，但促使这些因素起作用的一个重要原因就是农村金融市场供需双方之间存在严重的信息不对称。因此，为了缓解农牧户受金融排斥状况，必须尽快消除金融机构同农牧户之间的信息不对称，降低金融市场的信息成本和交易成本。这就需要政府尽快建立统一的农村征信体系，为广大农牧户建立完善的个人信息数据平台，向各类金融机构提供农牧户的相关信息（黄祖辉等，2009），增加农牧户获取金融服务的机会。对农牧户自身而言，在提高其自身经济能力的同时，应增强维护自我信用的观念。

第四，针对农民工创业中的地理排斥可以从两个方面进行制度安排。一是，鼓励部分农民工回乡创业，由于现实情况中，农民工工作所在地的基础环境远优于户籍所在地，所以回乡创业的吸引力对新生代农民工而言要小于第一代农民工。如果要增强回乡创业的吸引力，一方面要继续加大对农民工回乡创业的支持力度，另一方面要改善创业环境，加强农村基础设施建设，加快农村金融体制改革，这与当前国家支持城镇化建设的政策思路是一致的。二是，针对坚持在城市创业的农民工而言，由于其户籍所在地不在创业所在地且其自身流动性强，所以很难向金融机构提供有效担保，难以得到当地金融机构支持，对于这种情况，可以借鉴现行教育助学贷款的运作形式，由户籍所在地金融机构发放贷款，由农民工的父母或直系亲属作担保。这样就可以有效降低金融机构的放贷风险，使借贷双方的交易成本都会有所降低，缓解金融市场的二元性，克服地理排斥。

针对农民工创业中的评估排斥、条件排斥和营销排斥可以从以下几个方面进行制度设计：一是，大力发展小额贷款，创新贷款形式，发展适合农民工创业的小额贷款。在调查的过程中，调查对象对于小额贷款的认知程度明显高于其他金融形式，小额贷款已经成为一种普遍被农民及农民工所接受的信贷方式。有了这种认知度，在其基础上创新贷款形式，比重新建立一种专门针对农民工创业的金融机构节约社会成本。用最少费用提供定量服务的制度安排才是合乎理性的制度安排。金融机构在创新贷款形式上，要有针对性，比如小额贷款的额度和期限显然不适合农民工创业的周期，需要有所改进，应结合农民工创业所涉及行业的特点制定贷款额度和还款期限，缓解农民工还款压力，增强贷款的使用效率。金融机构有了专门针对农民工创业的服务体系，可以有效缓解农民工的评估排斥和营销排斥。二是，建设农地金融制度。新生代农民工的典型特点是已经对耕作土地失去了兴趣，不想回家务农，但是他们却仍然拥有土地的使用权和收益权。农地金融制度的建立既可以解决农民工创业资金的抵押问题，解决评估排斥问题，评估排斥问题的解决又相应地降低了金融产品价格，缓解了价格排斥的制约；同时又可以提高我国耕地的使用效率，发展规模生产。但是农地金融制度的建立需要宏观环境和中观环境的良好发展，这样才能为微观主体提供一个良性的发展空间，农地金融制度的建立才会有积极的作用，才能有利于解决农民工的金融排斥问题。三是，金融机构自身要转变观念，培养超越传统产业竞争、开创全新市场的发展战略思维。金融机构目前的战略目标多定位于大城市、大企业，农民工这一相对其他农村群体的优质客户群体却被它们忽略了。就目前我国经济发展的趋势和世界经济对我国的影响来分析，金融业的竞争会越来越激烈，如果目标定位过于单一，"近视"现象严重，不能及时占领具有巨大潜力的市场，在未来激烈的竞争中，金融机构的生存发展将经受巨大的考验。金融机构经营目标扩大到农民工群体，不仅有利于金融机构的长足发展，更有利于解决农民工的评估排斥、条件排斥、营销排斥问题。

由于金融机构评估认为农民工创业存在高风险性，所以即使金融机构提供了相应的金融服务，也会制定较高的价格水平，以尽可能地降低经营风险，这种经营方式仅是站在金融机构自身角度来考虑，并没有考虑到农民工对金融服务产品的价格承受能力。虽然在调查过程中，农民工具有较高的价格承受意愿，但这并不代表他们具有相应的价格承受能力。所以金融机构在提供相应的金融服务产品时，如果能够以低于现行的价格水平提供来减轻农民工的偿还压力，反而能够提高其支付能力，从而降低金融机构的经营风险。另外，可以通过加快推进非正规金融市场的规范化发展，弥补正规金融服务市场的供给不足，减轻价格排斥的程度。非正规金融是基层群众金融诉求表达的一种内生性金融，它更贴近基层群众，具有手续简便、交易灵活、成本费用低等特点。这些特性比较适合农民工初始创业小规模的特点，如能够及时足额的向农民工创业提供贷款，就会极大地降低其创业的时间成本和资金成本，提高创业的成功率。非正规金融市场的规范也为信贷提供者提供了制度保障，有利于扩大其信贷范围，拓宽利润来源。这一“双赢”模式有助于在放贷人与借贷人之间形成一种良性互动的局面。自我排斥更多的是由于遭受上述排斥后，在农民工的心理上产生的一种自我否定，如果上述排斥能够得到有效解决，那么，自我排斥也就会迎刃而解。

第三节 研究展望

金融集聚化发展是现代金融体系发展的一个特点，农村金融体系也必然在经济发展的环境影响下朝着这个方向发展。在金融集聚过程中，会对集聚地区和非集聚地区的经济产生吸力和斥力两个相反的作用力，在这个过程中，农村地区显然会受到一定的影响。那么，这个过程中吸力的辐射作用和斥力的排斥作用将会交织影响农村地区的经济发展，辐射范围和排斥范围、辐射程度和排斥程度的大小强弱比较，集聚地区和非集聚地区金融发展、金融服务差异等方面的相关研究对中国农村金融排斥原因、程度及状态说明会更具体化形象化。可以继续从金融集聚的角度对中国农村地区的金融排斥问题做进一步探讨。

在英国金融服务管理局(FSA)的调查报告显示，金融排斥对象中，少数民族是受到金融排斥的一个主体。本书在研究分析过程中，虽然涉及一小部分少数民族的调查，但是调查对象中少数民族(这里特指蒙古族)所占比例较低，没有单独体现出少数民族特征是否显著的影响受金融排斥的程度。中国是一个多民族的国家，而且少数民族地区一般都分布在西部或边远地区，专门针对少数民族这一群体受金融排斥问题展开研究，既可以了解少数民族特征在中国农村金融发展过程中是否是影响金融排斥的因素，又可以进一步对我国西部或边远地区的金融排斥状况做进一步的深入研究。

参考文献

[1] Leyshon A,French S ,Signoretta P. Financial exclusion and the geography of bank and building society branch closure in Britain. School of Geography,University of Nottingham,Nottingham NG7 2008,2RD,(13):447-465.

[2] Aizcorbe A M,Kennickell A B, Moore K B. Recent changes in US family finances: Evidence from the 1998 and 2001 survey of consumer finances. Federal Reserve Bulletin,2003,89,(1):1-32.

[3] Cebulla A A. Geography of insurance exclusion: perceptions of unemployment risk and actuarial risk assessment[J]. 1999, 31, (2): 111-121.

[4] Collard S, Kempson E, and Whyley C. Tackling financial: An area based approach. The Policy Press,2001.

[5] FSA. In or out? Financial exclusion: A literature and research review. London: Financial services authority. Consumer Research Paper 3. 2000.

[6] FSA. Informed decisions? How customers use key features, a synthesis of research on the use of product information at the point of sale. London:

Financial Services Authority. Consumer Research Paper 5. 2000.

[7] FSA. FSA publishes research on the causes and issues of financial exclusion. London: Financial Services Authority. Press release. 2000. http:// www. fsa. gov. uk/ pubs/ press/ 2000/ 093. htm; downloaded 06/02/2003.

[8] FSA. Women and personal finance: The reality of the gender gap. London: Financial Services Authority. Consumer Research Paper 7. 2001.

[9] FSA. Consumer education. London: Financial Services Authority. 2003. http:// www. fsa. gov. uk/ consumer-education; downloaded 06/02/2003.

[10] FSA. Options for regulating the sale of"simplified investment products" . London: Financial Services Authority. Discussion Paper 19. Green Paper on pensions reform(2002). London: HMSO. 2003.

[11] Goldsmith R W. Financial structure and development. Yale University Press, 1969.

[12] Koester, Ulrich: CAP is something we can be proud of. Working paper, University of Kiel, 2000.

[13] Leyshon A. "Geographies of money and finance Ⅰ", progress in Human Geography 1995, 19, (4), 531-543.

[14] Leyshon A. "Geographies of money and finance Ⅲ", progress in Human Geography 1998, 22, (3), 433-446.

[15] Meyer R L , Cuevas C E . Reduction in Transaction Costs of Financial Intermediation: "Theory and Innovations"[J]. 1992: In"Savings and Credit for Development". Report of the International.

[16] Argent N M, Rolley F. Financial Exclusion in Rural and Remote New South Wales, Australia: a Geography of Bank Branch Rationalisation, 1981-1998, Institute of Australian Geographers, 2000, 182-203.

[17] OECD. DAC Guidelines on Poverty Reduction. Working paper，2001.

[18] Robert S P，Rubinfeld D. Econometric Modelsand Economic Forecasts. 4th ed.[M]. 北京：机械工业出版社，2007.

[19] Santago C，Edwars P M，Molyneux G P. Financial Exclusion[M]. Palgarave Macmillan Studies in Banking and Financial Institutions. 2005.

[20] Stiglitz，J，Dasgupta，P and Serageldin，I，Social Capital：A multi-faceted Perspective. Washington，DC：World Bank，2000.

[21] Stiglitz，J and Weiss，A. Credit Rationing In Markets With ln Perfect Information[J]. America Economic Review，1981，(3)：393-410.

[22] Shaw，ES. Financial Deepening in Economic Development，Oxford University Press. 1973.

[23] Ronald and Mckinnon. Money and Capital in Economic Development，Washington D. C. ，Brookings Institution. 1973.

[24] Mckinnon，and Ronald . The Order of Financial Liberalization，Baltimore，Johns Hopkins. 1993.

[25] 爱德华·肖．经济发展中的金融深化[M]. 上海：上海三联书店，1988.

[26] 曹协和．农业经济增长与农村金融发展关系分析 [J]. 农业经济问题，2008，(11)：49-54.

[27] 蔡昉．区域比较优势与农业持续增长的源泉[J]. 中国农村经济，1992，(11)：40-45.

[28] 陈雨露，马勇．地方政府的介入与农信社信贷资源错配[J]. 经济理论与经济管理，2010，(4)：19-24.

[29] 陈雨露，马勇．关于农户信用和风险偏好的几个注释[J]. 财贸经济，2009，(1)：18-25.

[30] 陈锡文．资源配置与中国农村发展[J]. 中国农村经济，2004，(1)：4-9.

[31] 陈锡文．农村资源配置与农村经济的作用不协调[J]. 经济研究参

考,2004,(23):27.

[32] 成邦文. 基于对数正态分布的洛伦兹曲线与基尼系数[J]. 数量经济技术经济研究,2005,(2):127-135.

[33] 陈东风,高葵. 深化农民工金融服务问题的思考[J]. 农村金融,2006,(10):28-29.

[34] 杜金向. 中国农村金融体系研究[M]. 天津:南开大学出版社,2009,(8):229-230.

[35] 范祚军,关伟,岳桂宁. 地区经济增长中金融要素贡献的差异与金融资源配置优化——基于环北部湾(中国)经济区的实证分析[J]. 经济理论与经济管理,2008,(1):54-58.

[36] 戈德史密斯. 金融机构与金融发展[M]. 上海:上海三联书店,1994.

[37] 高铁梅. 计量经济分析方法与建模:Eviews 应用及实例[M]. 北京:清华大学出版社,2007.

[38] 郭颂平,张伟. 中国农业保险供需"双冷"的经济解释[J]. 广东金融学院报,2009,(4):102-111.

[39] 高湛. 金融排斥背景下我国农村地区正规金融与非正规金融的联结分析[D]. 山东大学,2010.

[40] 郭沛. 中国农村非正规金融规模估算[J]. 中国农村观察,2004,(2):21-25.

[41] 韩俊. 普惠型农村金融体系亟待建立[J]. 农村金融研究,2009,(7):4-6.

[42] 韩正清. 农村金融发展与农村经济增长关系的实证分析[J]. 理论探索,2009,(4):86-90.

[43] 何广文. 合作金融组织的制度性绩效探析[J]. 中国农村经济,1999,(2):36-41.

[44] 何广文. 对农村政策金融改革的理性思考[J]. 农业经济问题,2004,(3):14-18.

[45] 何广文. 农村信用社制度变迁:困境与路径选择[J]. 经济与管理研究,2009,(1):50-54.

[46] 金雪军,毛捷．隐含违约风险的银行贷款定价研究评述[J]. 浙江大学学报(人文社会科学版),2008,(2):161-171.

[47] 江群．农村金融改革价值取向的反思与调整[J]. 求索,2009,(4):17-20.

[48] 剧锦文,李劲民．山西平遥、内蒙古鄂尔多斯小额贷款公司之比较[J]. 生产力研究,2010,(5):1-7.

[49] 金晓燕,凌海波．浙江省农民工金融服务现状及需求分析[J]. 福建金融管理干部学院学报 2008,(2):14-18.

[50] 贾春新,金融深化:理论与中国的经验[J]. 中国社会科学,2000,(3):50-59.

[51] 蒋润祥,谢欣．金融排斥与农村金融服务空白的消失[J]. 银行家,2010,(5):108-111.

[52] 冀军．银行业道德风险的经济学分析[D]. 对外经济贸易大学,2006.

[53] 刘忠群．金融发展对农民收入增长的影响——来自中国面板数据的再检视[J]. 财贸研究,2008,(6): 27-33.

[54] 刘玲玲．破解农村金融困局[J]. 中国农村科技,2007,(1):14-15.

[55] 刘西川．贫困地区农户的信贷需求与信贷约束[D]. 浙江:浙江大学,2007.

[56] 李明贤．新中国 60 年农村金融改革发展的回顾与展望[J]. 湖南社会科学,2009,(5):81-86.

[57] 李江．金融发展学[M]. 北京:科学出版社,2005.

[58] 李敬,冉光和,孙晓铎．中国区域金融发展差异的度量与变动趋势分析[J]. 当代财经,2008,(3):34-40.

[59] 林毅夫,姜烨．经济结构、银行业结构与经济发展——基于分省面板数据的实证分析[J]. 金融研究,2006,(11):7-23.

[60] 林毅夫．金融改革与农村经济发展[J]. 北京大学中国经济中心讨论稿,2003,No. C2003026.

[61] 林毅夫．关于制度变迁的经济学理论:诱致性变迁与强制性变迁

[M]. 上海:上海人民出版社,1996
[62] 罗剑朝,等. 中国农地金融制度研究[M]. 北京:中国农业出版社,2005.
[63] 李小建. 金融地理学理论视角及中国金融地理研究[J]. 经济地理,2006,(9):721-725.
[64] 李敬,付陈梅,冉光和. 中国农村金融的功能定位与组织体系构建——基于需求变动视角[J]. 江西财经大学学报,2010,(4):75-79.
[65] 李涛,王志芳,王海港,等. 中国城市居民的金融受排斥状况研究[J]. 经济研究,2010,(7):15-30.
[66] 马晓青,朱喜,等. 农户融资偏好顺序及其决定因素——来自五省农户调查的微观证据[J]. 社会科学战线,2010,(4):72-80.
[67] 马九杰,沈杰. 中国农村金融排斥态势与金融普惠策略分析[J]. 农村金融研究,2010,(5):5-10.
[68] 马晓河. 建国60年农村制度变迁及其前景判断[J]. 改革,2009,(10)5-16.
[69] 马晓河. 对当前我国经济形势与宏观政策的判断与思考[J]. 江海学刊,2010,(1):73-78.
[70] 马晓河,黄汉权,蓝海涛. 我国农村改革30年的成就、问题与今后改革思路[J]. 宏观经济研究,2008,(11):12-18.
[71] 马费成,靖继鹏. 信息经济分析[M]. 北京:科学技术文献出版社,2005.
[72] 牛剑平,杨春利,等. 中国农村经济发展水平的区域差异分析[J]. 经济地理,2010,(3):447-483.
[73] 南守重. 金融深化、金融体制发展与经济增长——中韩对比研究[D]. 中国社会科学院,2002.
[74] 钱水土. 农村非正规金融的发展与农户融资行为研究——基于温州农村地区的调查分析[J]. 金融研究,2008,(10):174-186.
[75] 隋艳颖. 金融排斥对农民工创业意愿的影响分析[J]. 广东金融学院学报,2010,(3):83-92.

[76] 隋艳颖．西部农牧户金融排斥影响因素的实证分析——基于内蒙古自治区7个旗(县)338户农牧户的调查数据[J]．中国农村观察，2011,(3):50-60.

[77] 田霖．金融排斥:中原崛起的机遇与挑战[J]．金融理论与实践，2007(8):27-29.

[78] 田霖．城乡统筹视角下的金融排斥[J]．工业技术经济，2007,(7):136-156.

[79] 田霖．金融地理学视角下的区域金融成长差异研究[D]．浙江大学，2005.

[80] 田俊丽．中国农村信贷配给及农村金融体系重构[D]．西南财经大学，2006.

[81] 魏晃．我国金融排斥问题研究[D]．厦门大学，2008.

[82] 汪鑫．论基本银行服务排斥及其治理[J]．法学评论，2009,(4):52-58.

[83] 温涛．中国金融发展与农民收入增长[J]．经济研究，2005,(9):30-44.

[84] 温涛，王煜宇．政府主导的农业信贷、财政支农模式的经济效应——基于中国1952—2002年的经验验证[J]．中国农村经济，2005,(10):18-27.

[85] 温铁军，冯开文．谨防重蹈旧中国农村破产的覆辙——从工商、金融资本对农村的过量剥夺谈起[J]．战略与管理，1999,(1):105-117.

[86] 温铁军．把合作金融还给农民——重构"服务三农的农村金融体系"的建议[J]．农村金融研究，2007,(1):43-44.

[87] 王志军．金融排斥:英国的经验[J]．世界经济研究，2007,(2):64-68.

[88] 王曙光，王丹莉．边际改革、制度创新与现代农村金融制度构建(1978—2008)[J]．财贸经济，2008,(12):5-12.

[89] 万广华，张藕香，伏润民．1985—2002年中国农村地区收入不平等:趋势、起因和政策含义[J]．中国农村经济，2008,(3):4-16.

[90] 万广华．不平等的度量与分解[J]．经济学季刊，2008，(1)：347-362.

[91] 吴恒煜．基于结构化模型的违约概率的比较静态分析[J]．生产力研究，2005，(10)：23-25.

[92] 王修华．新农村建设中的金融排斥与破解思路[J]．农业经济问题，2009，(7)：42-48.

[93] 王修华，邱兆祥．农村金融排斥：现实困境与破解对策[J]．中央财经大学学报，2010，(10)：47-52.

[94] 王修华，周再清．功能观视角下农村金融制度的创新[J]．统计与决策，2008，(18)：130-132.

[95] 王山，王永文．促进和完善我国的农业保险事业[J]．保险世界，2005，(2)：70-72.

[96] 王红贵．村镇银行生存发展面临十大问题[N]．中国经济时报，2008，(5)：29.

[97] 汪来喜．以河南为例对粮食生产中金融排斥化解的理论分析[J]．农业经济，2010，(7)：46-48.

[98] 徐少君，金雪军，国外金融排除研究新进展[J]．金融理论与实践，2008，(9)：86-91.

[99] 徐少君，金雪军．农户金融排除的影响因素分析——以浙江省为例[J]．中国农村经济，2009，(6)：62-72.

[100] 许圣道，田霖．我国农村地区金融排斥研究[J]．金融研究，2008，(7)：195-206.

[101] 徐哲．我国的金融排斥：形成、影响及对策[J]．金融经济，2008，(5)：127-128.

[102] 姚耀军．转轨经济中的农村金融：管制与放松管制[J]．财经科学，2005，(6)：15-16.

[103] 谢欣．金融排斥：英国和美国的经验[J]．农村金融，2010，(2)：116-119.

[104] 杨栋，郭玉清．中国农业贷款效率——基于双方程误差修正模型[J]．金融研究，2007，(9)：151-159.

[105] 杨德勇,马若微．现代期权定价理论框架下的财务困境解释与实证检验[J]. 财贸研究,2009,(4):33-37.

[106] 俞德洪．农民工金融服务的分析与建议[J]. 农村金融,2007,(19):45-47.

[107] 叶谦．信贷配给的机制影响与制衡研究[D]. 华中科技大学,2002.

[108] 殷薇婕．基于金融排斥理论的农村小额信贷制度研究[D]. 上海师范大学,2010.

[109] 周立,周向阳．中国农村金融体系的形成与发展逻辑[J]. 经济学家,2009,(8):22-30.

[110] 张杰．中国农村金融制度:结构、变迁与政策[M]. 北京:中国人民大学出版社,2003.

[111] 张杰．中国农村金融制度调整的绩效:金融需求视角[M]. 北京:人民大学出版社,2007.

[112] 张维迎．博弈论与信息经济学[M]. 上海:上海人民出版社,2004.

[113] 朱喜,李子奈．改革以来我国农村信贷的效率分析[J]. 管理世界,2006,(7):68-76.

[114] 钟笑寒,汤荔．农村金融机构收缩的经济影响:对中国的实证研究[J]. 经济评论,2005,(1):109-115.

[115] 赵丙奇．农户民间借贷信贷配给:来自 600 农户融资的实证考察[J]. 社会科学战线,2010,(4):65-71

[116] 朱喜,李子奈．农户借贷的经济影响:基于 IVQR 模型的实证研究[J]. 系统工程理论与实践,2007,(2):68-75.

[117] 赵剑治,陆铭．关系对农村收入差距的贡献及其地区差异——一项基于回归的分解分析[J]. 经济学季刊,2009,(1):363-387.

[118] 周建春．改善农村金融服务支持农民工返乡创业[J]. 中国金融,2007,(16):71-72.

[119] 张建平,陈景辉,张献民．农民工金融服务缺位问题亟待解决——对上蔡县农民工金融服务状况的调查[J]. 金融理论与实践,2008,(3):119-120.

[120] 战明华．金融深化的指标体系及其关系[J]．浙江大学学报(人文社会科学版)，2002，(9)：103-109．

[121] (美)达菲，辛格尔顿著；许勤，魏嶷，杜鹃译．信用风险：定价、度量和管理[M]．上海：上海财经大学出版社，2009．

[122] 普兰纳布·巴德汉，克里斯托弗·尤迪．发展微观经济学[M]．北京：北京大学出版社，2002．

附　录

农户金融排斥情况调查问卷

尊敬的农牧户：

您好！我们是来自中国农业大学经济管理学院的博士，正在对农牧户受金融排斥情况的相关问题进行调研。本问卷采取不记名方式填答，问题的答案无对错之分。我们保证，对您填答的所有资料，仅供学术研究使用，绝不外流，而您对相关问题的看法将影响我们的调研结果，请根据您的实际情况如实填答这份问卷，以保证研究结果的真实性，从而为解决相关问题提出正确的建议。衷心感谢您的合作与参与！

中国农业大学经济管理学院

调查时间：　　　　　　　　地点：　　　　　　　　访谈员：

1. 性别：________年龄：________　民族：________

2. 对金融知识的了解程度(　　)

A. 完全不了解　　B. 不太了解　　C. 一般

D. 比较了解　　E. 非常了解

3. 是否为村干部(　　)

A. 是　　B. 否

4. 农户家庭规模：________ 人，其中老人 ________ 人，小孩 ________ 人

5. 耕地面积________（亩），是否是个体工商户________

6. 农牧户年人均纯收入（　　）

A. 5 000 元及以下　B. 5 000～6 500 元　C. 6 500 元及以上

7. 非农收入________（元）

8. 亲戚中是否有领导干部或在金融相关部门工作（　　）

A. 是　　B. 否

9. 最近的银行（包括农村信用合作社、村镇银行）离您家有多远________公里

10. 是否感觉您附近的银行数量较少（　　）

A. 是　　B. 否

11. 是否经常去银行办理业务（　　）

A. 是　　B. 否

如果 11 题选择“是”，询问 12～15 题，如果选择“否”，询问 16 题

12. 您最经常去哪家银行办理业务（　　）

A. 农村信用合作社　B. 农业银行　C. 邮政储蓄银行

D. 建设银行　E. 工商银行　F. 中国银行　G. 其他

13. 您去银行办理哪些业务（　　）

A. 存取汇款　B. 申请贷款　C. 金融理财产品

14. 办理存取汇款业务时经常会遇到什么困难（　　）

A. 不知道办理业务程序　B. 无法正确填写单据

C. 不会使用自动取款机　D. 不理解柜员意思

E. 等待时间太长

15. 对银行服务是否满意（　　）

A. 是　　B. 否

16. 不经常去银行办理业务的原因是（　　）

A. 流动资金不多，不需要存入银行　B. 去银行办理业务不方便

C. 不喜欢与银行打交道

17. 是否愿意将资金借给其他人使用(　　)

A. 是　　B. 否

18. 将资金借出时，是否收取利息(　　)

A. 是　　B. 否

19. 当发生资金短缺时，首先向谁借款(　　)

A. 亲戚朋友　　B. 银行或农村信用合作社

C. 非正规金融

20. 是否申请过贷款(　　)

A. 是　　B. 否

如果 20 题选择“是”，询问 21 题，如果选择“否”询问 24 题

21. 申请贷款是否成功(　　)

A. 是　　B. 否

如果 21 题选择“是”，询问 22 题，如果选择“否”询问 25 题

22. 获得的贷款数额是否能够满足需求(　　)

A. 是　　B. 否

23. 获得贷款过程是否容易(　　)

A. 是　　B. 否

24. 没有申请贷款的原因是(　　)

A. 不需要贷款　　B. 不知道怎么申请

C. 申请贷款程序太复杂　　D. 银行没有认识人

E. 贷款利息高

25. 申请贷款失败的原因是(　　)

A. 没有合格的抵押物或担保人　　B. 还款风险高

C. 不知道什么原因

为便于理解农牧户金融排斥影响因素的实证分析内容，提供了农牧户金融排斥影响因素中各变量与是否受金融排斥的交叉分析情况，见表1至表4。

表1　农牧户个人特征与是否受金融排斥的交叉分析表

变量名称			是否受金融排斥		合计
			0表示没有受到金融排斥	1表示受到金融排斥	
性别（男＝1，女＝0）	0	计数	28	57	85
		是否受金融排斥中的百分比	20.7%	28.1%	25.1%
	1	计数	107	146	253
		是否受金融排斥中的百分比	79.3%	71.9%	74.9%
年龄（30岁及以下＝1，30～45岁＝2，45～60岁＝3，60岁及以上＝4）	1	计数	3	1	4
		是否受金融排斥中的百分比	2.2%	5.0%	1.2%
	2	计数	50	42	92
		是否受金融排斥中的百分比	37.0%	20.7%	27.2%
	3	计数	55	143	198
		是否受金融排斥中的百分比	40.7%	70.4%	58.6%
	4	计数	27	17	44
		是否受金融排斥中的百分比	20.0%	8.4%	13.0%
对金融知识的了解程度（完全不了解＝1，不太了解＝2，一般＝3，比较了解＝4，非常了解＝5）	1	计数	23	42	65
		是否受金融排斥中的百分比	17.0%	20.7%	19.2%
	2	计数	24	75	99
		是否受金融排斥中的百分比	17.8%	36.9%	29.3%
	3	计数	45	53	98
		是否受金融排斥中的百分比	33.3%	26.1%	29.0%
	4	计数	38	33	71
		是否受金融排斥中的百分比	28.1%	16.3%	21.0%
	5	计数	5	0	5
		是否受金融排斥中的百分比	3.7%	0.0%	1.5%
是否是种养大户或者个体工商户（是＝1，否＝0）	0	计数	95	166	261
		是否受金融排斥中的百分比	70.4%	81.8%	77.2%
	1	计数	40	37	77
		是否受金融排斥中的百分比	29.6%	18.2%	22.8%

表 2　家庭资源禀赋特征与是否受金融排斥的交叉分析表

变量名称			是否受金融排斥		合计
			0 表示没有受到金融排斥	1 表示受到金融排斥	
是否是种养大户或者个体工商户(是＝1,否＝0)	0	计数	95	166	261
		是否受金融排斥中的百分比	70.4%	81.8%	77.2%
	1	计数	40	37	77
		是否受金融排斥中的百分比	29.6%	18.2%	22.8%
家庭年人均纯收入(5 000 元及以下＝1,5 000～6 500 元＝2,6 500 元及以上＝3)	1	计数	51	99	150
		是否受金融排斥中的百分比	37.8%	48.8%	44.4%
	2	计数	22	33	55
		是否受金融排斥中的百分比	16.3%	16.3%	16.3%
	3	计数	62	71	133
		是否受金融排斥中的百分比	45.9%	35.0%	39.3%
非农收入占总收入的比重[小部分(40%及以下)＝1,一半左右(40%～60%)＝2,绝大部分(60%及以上)＝3]	1	计数	88	143	231
		是否受金融排斥中的百分比	65.2%	70.4%	68.3%
	2	计数	21	35	56
		是否受金融排斥中的百分比	15.6%	17.2%	16.6%
	3	计数	26	25	51
		是否受金融排斥中的百分比	19.3%	12.3%	15.1%

表 3　社会资本特征与是否受金融排斥的交叉分析表

变量名称			是否受金融排斥		合计
			0 表示没有受到金融排斥	1 表示受到金融排斥	
是否是村干部或是否有在政府或金融机构工作的亲戚朋友(是＝1,否＝0)	0	计数	85	168	253
		是否受金融排斥中的百分比	63.0%	82.8%	74.9%
	1	计数	50	35	85
		是否受金融排斥中的百分比	37.0%	17.2%	25.1%

表 4　区域农村金融发展水平与是否受金融排斥的交叉分析表

变量名称			是否受金融排斥：0 表示没有受到金融排斥	是否受金融排斥：1 表示受到金融排斥	合计
是否有村镇银行或小额信贷业务（有＝1，没有＝0）	0	计数	66	133	199
		是否受金融排斥中的百分比	48.9%	65.5%	58.9%
	1	计数	69	70	139
		是否受金融排斥中的百分比	51.1%	34.5%	41.1%
是否对金融机构的服务满意（很不满意＝1，不太满意＝2，一般＝3，还好＝4，很满意＝5）	1	计数	20	36	56
		是否受金融排斥中的百分比	14.8%	17.7%	16.6%
	2	计数	20	77	97
		是否受金融排斥中的百分比	14.8%	37.9%	28.7%
	3	计数	36	61	97
		是否受金融排斥中的百分比	26.7%	30.0%	28.7%
	4	计数	38	23	61
		是否受金融排斥中的百分比	28.1%	11.3%	18.0%
	5	计数	21	6	27
		是否受金融排斥中的百分比	15.6%	3.0%	8.0%

后　　记

本书是在笔者博士论文的基础上拓展而成的，主要从中国存在的农村金融排斥现象入手，对在中国农村经济发展过程中，由于资本的逐利性导致的农村经济发展中资金匮乏、贷款难等问题进行剖析研究。虽然笔者在写作过程中阅读了大量文献，并进行了多次实地调研，仍深感不足，各章节研究的内容还不够深入，掌握的文献还不够全面，加之研究之初，对一些问题理解尚不深入，再次修改受原文框架限制不宜过大调整。以此不完美之作，呈于世人，深感惶恐，若能有幸继续从事此项工作，必定潜心研究，弥补不足。虽然本书有所欠缺，但书中仍然提出了一些对促进中国农村金融发展有现实意义的观点和建议。本书主体内容成文过程中，困难重重，从原始资料获得到调研数据收集，无不投入十二分精力，回想当初之不易，倍感成果之珍惜。

2008 年，我有幸考入中国农业大学经济管理学院，师从马晓河研究员攻读农业经济管理专业博士学位。回望三年的学习生活，我收获颇丰，博士论文顺利完成就是最好体现。在论文选题、材料收集、写作过程中得到了导师及诸多老师、同学、朋友的帮助，谨在此致以诚挚的感谢。虽笔短情长，仍恐挂一漏万。

首先，我要感谢我的导师马晓河研究员。导师知识渊博，治学严谨，胸怀大度，对学生要求严格又关爱备至。作为马老师的学生，能够常常得到恩师的鼓励和帮助，我倍感荣幸。在导师的不倦教诲和悉心指导下，我终于顺利完成了学业。作为三年学术成果的结晶，我的博士论文不仅凝结着我的辛勤汗水，也倾注着导师的大量心血。在论文开题前，导师亲自组织一批专家以座谈会的形式，专门讨论我的论文选题及写作提纲，为论文后续写作提供了指导方向。在论文初稿形成后，导师在百忙中细心阅读，提出了不少中肯的修改意见，确有点石成金之效。在论文后期修改中，导师又与我反复讨论，对论文进行不断完善。在我眼里，马老师不仅注重学业知识的传授，而且传授做人的道理、为人处世的准则，不愧为一代宗师。恩师三年的言传身教，使我受益匪浅。在这里，我要把最诚挚的祝福送给马老师，感谢这位慈父般的导师。

其次，我要感谢中国农业大学以及经济管理学院的老师，是这所具有百年悠久历史的著名高等学府为我提供了优越的学习环境，宽松的学习氛围，是经济管理学院的老师们为我传授精深的理论知识。尤其是在课程学习、论文开题和论文中期检查过程中，辛贤教授、郭沛教授、何广文教授、武拉平教授、李秉龙教授、乔娟教授等都给予我很多指导和帮助，在这里向他们表示深深的谢意！院里精干睿智的方芳老师和漂亮的马晓燕老师、马玲老师也给予了我很多无私的帮助，在此表示真诚的感谢！

在我读博士期间，爱人夏晓平博士的鼓励和陪伴是我能够顺利完成学业的动力和保障，是他在我遇到困难的时候与我共渡难关，是他在我论文写作遭遇瓶颈的时候为我提供思路。功夫不负有心人，在即将毕业之际，我们也终于结束了长达六年的爱情长跑，同学业一道到达了胜利的终点，踏入了婚姻的神圣殿堂，开启了人生的又一美好时代。回想与他共同度过的六年时光，我充满了幸福和快乐，在我们即将踏上事业的征途继续前行时，我们将会一如既往地携手并进，共创美好未来！

令人难忘的还有一批与我一道苦战三年的2008级博士班的同学们。在日常的学习和生活中，王玺、徐会苹、白描、曹玫、李雅宁、徐爽、时悦、秦建军、苏李等同学都给予了我许多无私的帮助，谢谢你们！此外，我还要感谢我的博士同门，师兄黄汉权、方松海、王雪尽，师姐赵淑芬、马建蕾，师弟胡拥军，我博士论文的顺利完成离不开你们的鼓励和支持！同时还要特别感谢我的好朋友刘晓燕以及杜鹏飞、毛娟夫妇，因为有你们的陪伴，在北京生活的三年时光里，我倍感充实和快乐，谢谢你们！

文至最后，我还要特别感谢我的父母和哥哥，是他们一直在默默地支持我、鼓励我，让我安心读书，没有后顾之忧地去实现我的梦想。

走出生活了20多年的校园后，迈入职场，有幸来到目前的工作单位，单位给了我一个宽松愉快的工作环境，让我在完成本职工作之余能有精力整理博士论文出版，感谢单位的领导和同事的支持和帮助。中国农业大学出版社为本书的编辑、出版提供了许多有益的建议，付出了大量的艰辛劳动，在此深表感谢。

隋艳颖

2016年6月于广州